Am Rande seiner selbst

Literarhistorische Untersuchungen
Herausgegeben von Theo Buck

Band 35

PETER LANG
Frankfurt am Main · Berlin · Bern · Bruxelles · New York · Oxford · Wien

Ingeborg Ackermann

Am Rande seiner selbst
Zu Paul Celan:
EINEM, DER VOR DER TÜR STAND, ...

PETER LANG
Europäischer Verlag der Wissenschaften

Bibliografische Information Der Deutschen Bibliothek
Die Deutsche Bibliothek verzeichnet diese Publikation in der
Deutschen Nationalbibliografie; detaillierte bibliografische
Daten sind im Internet über <http://dnb.ddb.de> abrufbar.

Satz und Layout:
Ulrich Conrady

Gedruckt auf alterungsbeständigem,
säurefreiem Papier.

ISSN 0174-5751
ISBN 3-631-51799-8
© Peter Lang GmbH
Europäischer Verlag der Wissenschaften
Frankfurt am Main 2003
Alle Rechte vorbehalten.

Das Werk einschließlich aller seiner Teile ist urheberrechtlich
geschützt. Jede Verwertung außerhalb der engen Grenzen des
Urheberrechtsgesetzes ist ohne Zustimmung des Verlages
unzulässig und strafbar. Das gilt insbesondere für
Vervielfältigungen, Übersetzungen, Mikroverfilmungen und die
Einspeicherung und Verarbeitung in elektronischen Systemen.

Printed in Germany 1 2 3 4 5 7

www.peterlang.de

Für M.,

für U.

und für E. O.

KLEIDE DIE WORTHÖHLEN AUS
mit Pantherhäuten,

Erweitere sie, fellhin und fellher,
sinnhin und sinnher,

gib ihnen Vorhöfe, Kammern,
Klappen und Wildnisse, parietal,

und lausch ihrem zweiten und
jeweils zweiten und zweiten Ton.

(aus: FADENSONNEN, GW 2, S. 198)

Inhaltsverzeichnis

Vorwort 11

I Zur Forschungslage 13

    Allgemeines; Peter Mayer – Peter Horst Neumann –
    Otto Pöggeler – Klaus Reichert –
    John Felstiner – Albrecht Schöne

II Exkurs 31

    Zu den Voraussetzungen einer Deutung des Titelgedichtes

    1) Hugo Bergmann, „Die Heiligung des Namens"
    2) Gershom Scholem
    3) Martin Buber: „Drei Reden über das Judentum" und
       die Roman-Chronik „Gog und Magog"

III Die ‚andere Perspektive':
     Erneuter Versuch einer Auslegung des Titelgedichts ... 61

IV Rückschau und Ausblick 101

Literaturnachweise 111

Vorwort

Der vorliegende Band, der nun im Europäischen Verlag der Wissenschaften bei Peter Lang erscheint, hat eine längere Entstehungsgeschichte. Ausgelöst wurde die Arbeit am Thema durch die Deutung des Titelgedichts von Albrecht Schöne, Himmelfahrt 1999 in der Klosterkirche zu Bursfelde, – die bis dahin umfassendste und detaillierteste Auslegung dieses schwer zugänglichen und so umstrittenen Gedichts. Bei allem Aufschlußreichtum schien sie mir jedoch so viele Fragen offen zu lassen, daß ich selber unversehens in den Zug der Auseinandersetzung mit dem Text geriet. Anknüpfend an frühere intensive Beschäftigung mit Celan-Gedichten, meinte ich, eine andere Richtung des Textverständnisses einschlagen zu müssen. Dabei ergaben sich Einsichten, die sich mit neueren Forschungsbeiträgen trafen.

Der erste Entwurf, der zunächst nur auf die Gedicht-Interpretation als solche angelegt war, weitete sich mit der Zeit aus zu umfassenderen Überlegungen im Blick auf den Zyklus DIE NIEMANDSROSE und auf die Situierung und Bedeutung des Titelgedichts in ihm. – Ein irreversibles Augenleiden zwang mich jedoch zur Beschränkung, da ich zunehmend auf technische und menschliche Hilfen angewiesen wurde. Wesentliche Aspekte der geplanten Weiterung konnten daher nur andeutend in einem Schlußkapitel zusammengefaßt werden.

Ich habe nunmehr für die doch noch erreichte Fertigstellung des Manuskripts vielfach zu danken: Tatyana Gardner für ein mustergültiges erstes Typoskript; Heidrun Kipp und Ulrich Conrady für die Druckvorlage; Dr. Margarete Guldan und Dr. Hannes Fricke für ein erstes genaues und kritisches Lesen; Patricia Hoffmann und Gisa Roland für Übertragungen des Textes ins Akustische. Ursula Kayser danke ich für ihre freundschaftlich-selbstlose Unterstützung in der Endphase, vor allem aber für ihre nicht zu ermüdende Gesprächsbereitschaft während der gesamten Entstehungszeit der Arbeit.

Edith Silbermann meinen Dank für ihr Interesse und ihren Zuspruch.

Prof. Theo Buck meinen besonderen Dank, daß er durch sein placet die Publikation als Buchveröffentlichung in seiner Reihe „Literarhistorische Untersuchungen" im Peter Lang Verlag ermöglicht hat.

Göttingen im Juni 2003   Ingeborg Ackermann

I Zur Forschungslage[1] u.[2]

Mit dem Titelgedicht[3] dieser Arbeit hat es eine eigentümliche Bewandtnis. Die Celan-Forschung tut sich mit ihm besonders schwer, ist aber bisher – bei relativ wenigen Beiträgen zu diesem Thema – nicht einmal annähernd zu Übereinkünften gekommen, in denen sich die wesentlichen textinternen Identitäten und deren Bezüge untereinander hätten klären lassen.

Dieser Sachverhalt entspricht aber kaum der Bedeutung, die Celan selbst seinem Gedicht beigemessen hat. Das spiegelt sich u.a. darin, daß er bei einem Vorabdruck von drei exemplarischen Gedichten zur „NIEMANDSROSE" sich just für unser Titelgedicht entschieden hat, und zwar neben ES WAR ERDE IN IHNEN und …RAUSCHT DER BRUNNEN[4].

---

[1] Zitiert wird nach: Paul Celan, Gesammelte Werke in sieben Bänden, hrsg. von Beda Allemann und Stefan Reichert, unter Mitwirkung von Rolf Bücher, Frankfurt a.M., st 2000; künftig für Nachweise hinter jeweiligen Zitaten nur in Abkürzung GW mit Band- und Seitenzahl.

[2] Das Titelzitat „Am Rande seiner selbst" ist entnommen aus Der Meridian, Rede anläßlich der Verleihung des Georg-Büchner-Preises, Darmstadt, am 22. Oktober 1960: GW 3, S. 187.

[3] Vgl. GW 1, S. 242, aus: Die Niemandsrose (künftig nach Zitaten NR), Teil II

[4] Vgl. GW 1, NR, Teil I, S. 211 und Teil II, S. 237. Der Nachweis für diesen Auswahlvorgang findet sich in: Paul Celan – Die Goll-Affäre, Dokumente zu einer ›Infamie‹, zusammengestellt, herausgegeben und kommentiert von Barbara Wiedemann, Frankfurt a.M. 2000, S. 853. Für den Nachweis bin ich dankbar; dem damit verbundenen Interpretationsansatz (ebd. S. 852 ff.), von dem her der Beschneidungsvorgang im Gedicht als „Verletzung" im Sinne des Verfemtseins durch antisemitische Verfolgung verstanden wird, kann ich mich nicht anschließen; der Problemkomplex „Beschneidung" läßt sich nicht über einen einzigen, inhaltlich-biographischen Bezug für das Gedicht erschließen; er bedarf der Differenzierung innerhalb des Textes und muß als Teil des Gesamtgefüges mit

Der 1998 in zweiter Auflage erschienene „Kommentar zu Paul Celans »DIE NIEMANDSROSE«"[5] verzeichnet bis dato nur zwei ausführlichere Deutungsversuche: Den von Peter Horst *Neumann*, der als Beiträger zu diesem Kommentar den Umriß einer überarbeiteten und teilweise revidierten Fassung seiner Interpretation von 1968 vorlegt[6], und den von Otto *Pöggeler*[7]. Dem wäre jetzt ein dritter anzufügen: Albrecht *Schönes* „Versuch einer Exegese"[8]. Daneben gibt es eine Reihe von Kurzbeiträgen, die das Gedicht innerhalb eines größeren Bezugsrahmens deutend erwähnen, sei es, daß sie es in biographische, zyklusbezogene oder andere thematische Zusammenhänge einordnen[9]. Es unterscheidet sich damit deutlich von den meisten anderen Texten der NIEMANDSROSE, für die sich jeweils ganze Kolumnen von Einzeldeutungen nachweisen lassen, aber auch dadurch, daß der Schwierigkeitsgrad seiner Erschließbarkeit

---

seinen internen Gewichtungen gelesen werden. Im betr. Gedichtabdruck bei Wiedemann fehlt am Ende der originäre Gedankenstrich nach dem Trennungsstrich, – vielleicht ein Druckfehler; aber die Kennzeichnung dieses Schlusses als „verstümmelt" signalisiert eine Einschätzung des Textes, die diesem nicht angemessen ist (vgl. Wiedemann a.a.O. S. 761 f. und 853, sowie S. 32 ff. dieser Arbeit).

[5] Kommentar zu Paul Celan: „Die Niemandsrose", hrsg. von Jürgen Lehmann, unter Mitarbeit von Christine Ivanoci?, Heidelberg, Winter ²1998 (1. Auflage 1997)

[6] Vgl. ebd., S. 172-175

[7] Otto Pöggeler, Spur des Worts. Zur Lyrik Paul Celans, Freiburg, Br./München, Alber 1986

[8] Albrecht Schöne, Dichtung als verborgene Theologie. Versuch einer Exegese von Paul Celans ›Einem, der vor der Tür stand‹, Göttinger Sudelblätter, hrsg. von Heinz Ludwig Arnold, Göttingen, Waldstein 2000; zuerst in: Bursfelder Universitätsreden, hrsg. von Lothar Perlitt, Abt von Bursfelde, Nr. 17, Verlag Göttinger Tageblatt 1999.

[9] So z.B. Peter Mayer, Paul Celan als jüdischer Dichter, Diss. Heidelberg 1969; Klaus Reichert: Hebräische Züge in der Sprache Paul Celans, in: Paul Celan, hrsg. von Werner Hamacher und Winfried Menninghaus, Frankfurt a.M., st materialien, 1988, S. 156 ff.; Barbara Wiedemann, a.a.O., S. 852 f. (s.o., Anm. 4)

durchaus als ein Sonderfall innerhalb des Gesamtwerks verstanden wird, dessen ‚Dunkelheiten' ja genugsam deklariert worden sind. P.H. Neumann hält sogar eine gewollte Hermetik für denkbar[10].

Derartige Vermutungen kämen jedoch einer vorschnellen Kapitulation vor dem Text gleich und würden zudem den Intentionen des Autors Celan schroff widersprechen. Denn die von ihm selbst erklärte ‚Einsamkeit' des Gedichts *bleibt* angewiesen auf ein ‚Gegenüber', auf Begegnung, und zwar keineswegs eine nur auf den Autor rückbezogene, wenngleich solche Selbstbegegnung immer *auch* gemeint sein kann. Paul Celan setzte die ihm wesentlichen poetologischen Zeichen in seinem „Meridian"-Vortrag sehr genau[11]. Die darin gestellten Forderungen nach einer besonderen Form der ‚Aufmerksamkeit' verlangen freilich in der Tat einen außergewöhnlich umsichtigen und geduldigen Leser.

Daß die Dichtung Celans dem Zugang Suchenden oftmals erhebliche Schwierigkeiten entgegenstellt, liegt auf der Hand. Was P.H. Neumann in seiner Einführung „Zur Lyrik Paul Celans" äußert, soll hier noch einmal unterstrichen werden:

> Mit einem [...] Zusammentreffen diverser Bedeutungen in einem Wort muß der Leser Celanscher Gedichte ständig rechnen. Sie ergeben einen höchst bewußt hergestellten mehrfachen Schriftsinn, dem wir nur näherkommen, wenn wir ein Wissen erlangen, das der Text zwar enthält, uns aber zugleich auch vorenthält. Man wird die Art, in der Celan seine Erfahrungen zur Sprache bringt, kaum Mitteilung nennen dürfen. Doch auch kein Rätselspiel wird gespielt, und von „Verschlüsselung" zu spre-

---

[10] Vgl. Peter Horst Neumann, in: Kommentar zu Paul Celans „Die Niemandsrose", a.a.O. S. 175 ff. (wie o. Anm. 5)
[11] Vgl. GW 3, S. 187, passim

chen, ist sicher verfänglich. Es geschieht Selbstverständigung. Wenn diese [...] aber dennoch einen Leser sucht, so offenbar nur einen solchen, [...], der alles schon weiß, dem nichts erklärt, nichts gestanden zu werden braucht – ein utopisches Du. Daher die Einsamkeit, die Celans Texte umgibt. Daher die Schweigegebärde seines Sprechens. Daher aber auch das Unrecht, in das sich der Leser durch Celans Gedichte gesetzt sieht. Es ist eine Unrechtserfahrung, die mich sehr alttestamentarisch, sehr jüdisch anmutet: du hast unrecht, weil du erfragst, was du nicht wissen kannst, aber du mußt wissen, um zu verstehen.[12]

Den wiederholten Äußerungen zur immer wieder angesprochenen ‚Hermetik' seiner Dichtung treten Celans eigene Stellungnahmen entgegen: Ein besonderes „Vorwissen" wollte er nicht vorausgesetzt sehen – bis auf eine Ausnahme: Gewisse Kenntnisse der jüdischen bzw. chassidischen Religionsgeschichte[13] sollten denn doch beim Leser vorhanden sein. Sieht man einmal davon ab, daß Celan hier allerdings viel voraussetzt, wenn er seine eigene vielsprachige literarische und historische Bildung – die sich in eigenartiger Weise u.a. noch mit vielen spezifischen naturwissenschaftlichen (z.B. biologischen, botanischen, geologischen, mineralogischen und astro-

---

[12] Peter Horts Neumann, Zur Lyrik Paul Celans, Eine Einführung, Göttingen, Vandenhoeck und Ruprecht, 1968, 2. erw. Aufl. 1990, S. 104
[13] So Dietlind Meinecke, Herausgeberin des Sammelbandes: Über Paul Celan, Frankfurt a.M., Suhrkamp 1970, S. 20: „Ein bestimmtes Vorwissen hielt er oft geradezu für abträglich" als Voraussetzung für das Verständnis seiner Gedichte. „Allerdings rechnete er merkwürdigerweise fast immer mit einer Kenntnis der jüdischen oder chassidischen Religionsgeschichte beim Leser. Hier war er auch bereit, ausführlicher Auskunft zu geben. Wiederholt wies er auf die Arbeiten Gershom Scholems hin. Andererseits warnte er auch davor, seine Gedichte auf das Judentum oder das »jüdische Schicksal« festlegen zu wollen." Vgl. auch zu diesem Sachverhalt A. Schöne, a.a.O. S. 18, Anm. 32

nomischen) Kenntnissen koppelt – als ohnehin gegeben annimmt, so bleibt doch seine Einforderung der oben genannten Kenntnisse der jüdischen Religionsgeschichte und Kultur für den nicht jüdischen Leser eine nicht eben leichte Auflage. Man muß aber darauf gefaßt sein, daß ohne deren Einlösung so mancher Textzugang bereits im Ansatz verfehlt sein könnte.

In besonderer Weise gilt dies auch für den hier zur Deutung anstehenden Text[14]:

1   EINEM, DER VOR DER TÜR STAND, eines
      Abends:
      ihm
      tat ich mein Wort auf –: zum
14   Kielkropf sah ich ihn trotten, zum
      halb-
      schürigen, dem
      im kotigen Stiefel des Kriegsknechts
      geborenen Bruder, dem
10   mit dem blutigen
      Gottes-
      Gemächt, dem
      schilpenden Menschlein.

      Rabbi, knirschte ich; Rabbi
15   Löw:

      Diesem
      beschneide das Wort,
      diesem
      schreib das lebendige

---

[14] GW 1, S. 242, aus Teil II der NR

20   Nichts ins Gemüt,
        diesem
        spreize die zwei
        Krüppelfinger zum heil-
        bringenden Spruch.
25   Diesem.

        ....

        Wirf auch die Abendtür zu, Rabbi.

        ....

        Reiß die Morgentür auf, Ra- –

    Wie schon erwähnt, divergieren die wenigen bisher vorgelegten Deutungen dieses Textes in fast allen wesentlichen Fragen. Was sie verbindet, ist eine methodische Vorentscheidung: Sie alle nähern sich dem Gedicht von sehr unterschiedlichen Aspekten oder Voraussetzungen her, ohne doch den Text und die ihm immanenten Hinweise voll auszuschöpfen. Ebenso werden manche vom Autor selbst gesetzten Hinweise für das Verständnis seines Werkes nicht oder nur unzureichend in den hermeneutischen Prozeß aufgenommen. So ist es kaum verwunderlich, daß die jeweiligen Ergebnisse einander eher ausschließen als ergänzen.

    Um die Disparatheiten und Widersprüchlichkeiten der bisherigen Deutungsversuche zu beleuchten, möchte ich die wesentlichen Positionen der Celan-Forschung zum anstehenden Text skizzieren, soweit dies für die nachfolgende Begründung meines eigenen Argumentationszusammenhangs sinnvoll ist. Ich beschränke mich dabei auf die wesentlichen Gesichtspunkte, d.h.: die textinternen Identitäten und deren Relationen zueinander, also: Wer ist wer? Wer steht vor der Tür? In welcher Beziehung steht dieser „Eine" zum lyrischen Sprecher? Zum „Kielkropf" (bzw. „Golem")? Zum „Rabbi"? Um was für ein „Haus" mit seinen „Türen" geht es überhaupt? Wie ließe sich die Bewegungsrichtung des ganzen Textes verstehen?

Bevor ich den innerhalb des schmalen Bestandes doch frappierend breiten und bunten Fächer der bisherigen Deutungen aufschlage, muß noch etwas Grundsätzliches vorausgeschickt werden, das alle Interpretationen betrifft: P.H. Neumann[15] hat bereits in seiner frühen Einführung „Zur Lyrik Paul Celans" von 1968 auf einen Bezug aufmerksam gemacht, der für die meisten folgenden Textbetrachter als verbindlich akzeptiert worden ist, und dies sicher zu recht. Es geht um den „Golem"-Bezug, der – indirekt – im Gedicht enthalten ist, und zwar im Zusammenhang mit der Nennung des Namens „Rabbi Löw". Den wissenschaftlichen Hintergrund zu diesem Thema haben *P.H. Neumann* und zuletzt *A. Schöne* in den bereits genannten Arbeiten ausführlich dargestellt.[16]

Zur Erinnerung sei hier der Umriß des Geschehens noch einmal gegeben: Der „Hohe Rabbi Löw aus Prag" (etwa 1522–1609), Autorität als Gelehrter von hohen Graden, als Kabbalist und Mystiker im Judentum seiner Zeit, erschuf, wie die Sage überliefert, nach strengen religiösen Übungen und mit Hilfe kabbalistischer Beschwörungsformeln eine menschenähnliche Gestalt aus Erde und Lehm, einen „Golem", dem zwar Leben, aber nicht Sprache gegeben war und den er sich dienstbar zu machen wußte. Als dieser ‚Knecht' begann, durch übermäßiges Wachstum sich zu verselbständigen und zum zerstörerischen Ungeheuer zu werden, rettete Rabbi Löw die Juden seiner Gemeinde durch beherztes Eingreifen in letzter Minute vor Anbruch der Sabbath-Ruhe, beschwor, bannte und vernichtete

---

[15] Vgl. oben, Anm. 12, S. 44 ff.
[16] Vgl. jeweils Neumann a.a.O., passim, bzw. Schöne S. 23 ff. und bes. Anm. 37, 38, 43, 44

den Entarteten[17]. – Dieser „Golem" nun wird in der Regel zur Deutung des Gedichttextes herangezogen, und zwar in verschiedenster Weise; doch dazu später.

Ich kehre zurück zu dem o.g. Fragenkomplex. Die entscheidenden Fragen – wer ist wer? und wer steht vor der Tür? usw. – lassen sich nicht einzeln beantworten, sondern stehen in jeweiligen Bedeutungs- und Verweisungszusammenhängen; sie wurden bisher folgendermaßen beantwortet: Bei *P.H. Neumann* steht dort ein gänzlich Rätselhafter, Unbekannter, Unbestimmbarer, der sich auch im Verlauf des Folgetextes nicht deuten läßt[18]. Ähnlich bei *A. Schöne*[19]: Auch bei ihm bleibt der „Eine" „unidentifizierbar"; allerdings hält er es auch – eine kühne Konstruktion – für denkbar, daß das „aufgetane Wort" zu ergänzen sei durch „auf die Stirn" [getan] und verweist damit wiederum auf den legendären Golem, auf dessen Stirn zu seiner Erweckung das Wort ,"emeth" („Wahrheit") zu schreiben war; strich man davon den ersten Buchstaben, so blieb „meth", d.h. „tot" stehen, und der Golem war vernichtet. *Schöne* schwankt demnach zwischen ,ganz unbestimmbar' und ,oder doch vielleicht etwas Golem-Ähnliches?'

Peter Mayer in seiner viel, wenn auch meist kritisch zitierten Heidelberger Dissertation von 1968 begreift Celan vorab als „jüdischen Dichter"[20]. Er bewegt sich dabei jedoch in einem Bezugsrahmen, der von der Forschung mittlerweile überholt worden ist. Da für Celan – etwa ab Mitte der fünfziger Jahre – nicht eigentlich das Judentum in seiner orthodoxen Ausprägung zum Interessenschwer-

---

[17] Vgl. Gershom Scholem: Zur Kabbala und ihrer Symbolik, Zürich, Rhein, 1960, jetzt in 8. Aufl. bei Suhrkamp (1995), Kap. V, S. 209 ff.: Die Vorstellung vom Golem in ihren tellurischen und magischen Beziehungen.
[18] Vgl. Kommentar, a.a.O., darin P.H. Neumann, S. 173 ff.
[19] A. Schöne, a.a.O. S. 21 u.ö.
[20] Peter Mayer, a.a.O. wie Anm. 9

punkt wurde, sondern vielmehr die durch Buber, Bergmann, Landauer, Susman, Scholem und andere beschriebene Richtung jüdischer Mystik und des Chassidismus, verfehlen die Betrachtungen *Mayers* die wesentlichen Zusammenhänge bei Celan[21]. Eine durchweg fluktuierend-unscharfe Begrifflichkeit erschwert zudem die Lektüre. Unserem Titelgedicht ist etwa eine knappe Seite gewidmet.[22] Auf den religionsphilosophischen Rahmen bezogen, den *Mayer* mit seinem durchgehenden Bezug auf das Judentum sich setzt, wird kurzerhand erklärt:

> Die Lehre verlautbart sich hier als ein Ich, das Haus ist das Lehrhaus [...]. Der Rabbi soll nach der dreifachen Aufforderung der Lehre wirken. Er soll das Wort des Dichters [sic] beschneiden, d.h. jüdisch werden lassen, er soll ihm den Widerspruch lebendiger Existenz in der nichtigen und unerlösten Welt »ins Gemüt« schreiben, er soll ihm, im Zeichen des Zusammenhangs von Leben und Heil die verkrüppelten Finger zum Erlösungsspruch heben.
>
> Es kündige sich ein „Heilsmorgen der Erlösung an, in dem die Lehre verstummen wird. Diese Erlösung ist ja vorweggenommen, wo das Ich, in der Rückkehr zu sich seine Nacht überwindet. Das Ich wird darin selbst erlöst von seiner Entfremdung. Und das Ich als Jude wird damit zugleich die Garantie der Ewigkeit der Erlösung. Das Ich war in das Lehrhaus bei der Abendtür eingelassen worden, und es wird erlöst aus der Morgentür hervortreten. Das ist der Weg vom Tod her ins Leben. Und als Weg ist er bereits in den Einleitungszeilen angedeutet: der Eine, der irgendeiner ist und Ich werden muß,

---

[21] Vgl. o. Anm. 13 u. Anm. 42, passim
[22] Ebd. S. 124 f.

steht vor der Tür zum Lehrhaus und ist gleichzeitig auf dem Weg zum Leben.

Wurde hier bereits das „Haus", – das ja im Gedicht nur indirekt dadurch erscheint, daß von „Türen" die Rede ist – angesprochen als „Lehrhaus", so ist es bei *Neumann* und *Pöggeler* das „Haus der Dichtung" (in Verbindung mit dem „aufgetanen Wort").[23]

Der „Eine", der ersten Zeile, bei *Mayer* das sich selbst entfremdete Ich, zugleich aber wiederum die „Lehre", wird bei *Neumann* und *Schöne* zu einer der von ihnen vermuteten drei Gestalten, die neben dem namentlich angesprochenen „Rabbi" im Gedicht erscheinen. Dessen Aktivitäten sind bei fast allen Deutern auf den „Kielkropf"-Abschnitt bezogen; die Deixis des Demonstrativpronomens „Diesem" richtet sich auf den „Kielkropf" mit all seinen Appositionen. *Schöne* legt einen Bezug auf den „EINEN" nahe.

In nahezu allen Deutungen bleibt der Bezug auf den „Bruder" innerhalb dieses Abschnittes unklar bzw. unscharf und fraglich, oder er wird erst gar nicht erörtert.

Bei *O. Pöggeler*[24] steht eindeutig der Golem „vor der Tür", hier jedoch begründet durch kunsttheoretische Reflexionen, die Celan in seiner Büchner-Preis-Rede im Zusammenhang mit Gedanken von J.M.R. Lenz erörtert. Der „Eine" erscheint als „Golem" im Sinne einer Kunstfigur, gegen die der Rabbi Löw aufgerufen wird. Auf dieses „Künstliche" sollen sich die Aktivitäten des schließlich angerufenen Rabbi Löw richten. Alle gedichtinternen Bezüge werden diesem vorgegebenen Rahmen untergeordnet. Daß dieser Ansatz zu „Kurzschlüssen" führt, vermerkt bereits *A. Schöne* in seiner o.g. Arbeit zum Titelgedicht, wenn er die Gesamtdeutung *Pöggelers* für

---

[23] Vgl. Kommentar, a.a.O. S. 187 u. Pöggeler, wie Anm. 7, a.a.O. S. 347
[24] Otto Pöggeler, a.a.O. wie o. Anm. 7

„vollends abwegig" erklärt[25], die da lautet: Es solle „Schluß" gemacht werden „mit dem, was an dieser Dichtung die Leistung der Kunst des Dichters war und sich auswachsen konnte zu einer autonomen ästhetischen Kraft oder gar zum Literaturbetrieb".[26]

Klaus Reichert untersucht in dem 1988 bei Suhrkamp erschienenen Sammelband zum Werk Paul Celans „Hebräische Züge in der Sprache Paul Celans".[27] Dabei geht es um „formale Strukturen des Hebräischen, die möglicherweise einigen zentralen Verfahrensweisen der Celanschen Dichtung zugrunde liegen". Die durchweg erhellenden Einzelanalysen machen sinnfällig, wie stark offenbar die frühe Prägung (drei Jahre Grundschulunterricht und anschließende Hauslehrerunterweisung)[28] sich auf Celans Schreiben ausgewirkt hat:

> [...], das Sprechen ist metonymisch im Sinne des Aneinandergrenzens, Einanderberührens. [...] Die Strahlkraft der hebräischen Wörter, das Mitmeinen, das Andere – eines jeweiligen Anderen – oder sogar des Widersinnigen im selben Wort, ist bei Celan zur poetischen Methode erhoben.[29]

Doch so aufschlußreich und überzeugend auch in diesem Zusammenhang sprachlicher Erörterung einzelne Züge und poetische Verfahrensweisen Celans neu begründet werden, – in der den Aufsatz abschließenden vierseitigen Deutung unseres Textes aus

---

[25] A. Schöne, a.a.O. S. 24
[26] O. Pöggeler, a.a.O. S. 348. Die gleiche Deutungsrichtung findet sich bei Pöggeler wiederum vertreten in: Paul Celan, »Atemwende«. Materialien, hrsg. von Gerhard Buhr und Roland Reuß, Würzburg, Königshausen & Neumann 1991, S. 345
[27] K. Reichert, wie o. Anm. 9, a.a.O. S. 156 ff.
[28] Ebd. S. 157
[29] Ebd. S. 162 f.

eben diesen auf Sprache bezogenen Überlegungen heraus lassen sich gerade diejenigen Relationen und Identitäten, um die es im wesentlichen geht, nicht plausibel begründen: Hier steht „vor der Tür" ein „Er", der als Schöpfergott das noch unfertige, formlose Golemwesen des „Kielkropf"-abschnittes anschaut; der „mit dem blutigen/Gottes/gemächt [...] scheint ein blutiges Gemächt zu haben. Doch warum Gottes?" [...] [folgen lexikalische Wortanalysen, die das Umfeld des Wortes „Gemächt" auflisten (z.B. Testament, Vertrag, Dichtwerk, Weltschöpfungsbezug)].

> Der da vor der Tür stand und zum Kielkropf trottete, sieht also, das wäre jetzt denkbar, sein eigenes blutig gewordenes Werk, Mensch, Vertrag, Samen, der tausendfältig gesegnet sein sollte, in einem. [...] Folglich glaube ich nicht, daß mit dem, der vor der Tür stand, der Golem gemeint ist, sondern eher [!] Er, den wir aus der Psalmenübersetzung kennen"[30].

Der zweite Gedichtkomplex nach der Mitte („Löw") wird bei *Reichert* als „Rede an Rabbi Löw" verstanden. Der Zeilensprung: „Rabbi/Löw" führt zu der Überlegung *Reicherts*:

> Kann das heißen, daß der Name bedeutsam ist in dem Sinne, daß wir ihn übersetzen sollen? ›Löw‹ heißt ›Herz‹, also das Herz als der Meister des redenden Ich, also ein Selbstgespräch? Ich will nicht sagen, daß es so ›ist‹, nur daß es mitgemeint sein kann.

Auf Einzelzüge dieses Aufsatzes werde ich noch zurückkommen (z.B. zum Namen „Löw", zum „lebendigen Nichts", zur „Wortbeschneidung" des Gedichtendes); resümierend muß aber hier schon gesagt werden, daß, so erhellend auch dieser Ansatz sein mag, die

---

[30] Ebd. S. 165

Vereinseitigung des sprachlichen Aspekts im Falle unseres Titelgedichts nicht zu einer überzeugenden Deutung des Gesamttextes geführt hat. (Um nur ein Beispiel von vielen Einzelproblemen zu nennen: Wie soll man der Vorstellung eines „trottenden" Schöpfergottes folgen?)

John Felstiner[31] hat in seiner 1997 auf Deutsch erschienenen Celan-Biographie auf sehr verdienstvolle Weise gründlich recherchierte Lebensdaten zu einer groß angelegten Gesamtdarstellung von Leben und Werk verbunden. Leider erweisen sich die in diesen Rahmen eingelegten Interpretationen von Celan-Texten in vielen Fällen als problematisch, werden diesen oft nicht gerecht[32]. *Felstiner* mag stellvertretend auch für diejenigen Deuter Celans stehen, die diesen gern an Franz Kafka heranzuziehen suchen. Dies ist zwar auch nicht etwa unbegründet – Celan hat Kafka geschätzt und übersetzt, – nur darf es nicht zu Überformungen führen wie im Falle unseres Gedichtes, für das *Felstiner* die sogenannte ‚Türhüter-Parabel' aus Kafkas „Prozeß"-Roman[33] heranzieht. *A. Schöne*, der zwar meint, daß diese Parabel vom ‚Türhüter vor dem Gesetz' Celans Gedicht „offenbar nahestehe"[34], setzt sich jedoch – zu recht – scharf von *Felstiners* These ab:

---

[31] John Felstiner, Paul Celan. Eine Biographie (Titel der amerikanischen Originalausgabe: Paul Celan, Poet, Surviver, Jew, New Haven and London 1995).

[32] Vgl. z.B. die S. 58 ff. (zur TODESFUGE), S. 168 (zu Celans HOSIANNA), S. 236 (zu MANDORLA), S. 237 ff. (zu EINEM, DER VOR DER TÜR STAND), S. 220 (zu Celans MERIDIAN), S. 221 ff. (zu PSALM). Felstiner läßt als Assoziations- und Anspielungsrahmen oft nur noch den Bezug auf die Shoah bzw. den NS-Bereich zu und kommt darüber zu Vereinseitigungen und Verzerrungen.

[33] Vgl. Franz Kafka, Der Proceß, Schriften, Tagebücher, Briefe. Kritische Ausgabe, hrsg. von Malcolm Pasley, Frankfurt a.M., 1990. S. 292 ff.

[34] A. Schöne a.a.O. S. 22, Anm. 36

John Felstiner" (s.a.a.O. S.240 f.) „versteht auch den, ‚der vor der Tür stand', als einen Türhüter und versteigt sich zu der Behauptung: „Von Kafka ermutigt, tritt Celans Sprecher dem Hüter des Gesetzes entgegen und bittet um ein Geschöpf [den Golem].

– in der Tat eine Behauptung, die auf keine Weise am Text festzumachen wäre; – *Felstiner* weiter:

und fast taucht der Name Kafkas selbst auf. Möglicherweise sind die beiden ‚k's in „Kielkropf" und „Kriegsknecht" verborgene Signaturen. Um dieses Geschöpfes willen vermischt Celans Gedicht die Legende vom Golem mit Kafkas Parabel und endet mit dem Ruf um Einlaß" [gemeint ist die Schlußzeile: „Reiß die Morgentür auf, Ra- –"].

Diese Fixiertheit auf den Kafka-Bezug verstellt wiederum die eigentlichen Zugänge zum Text und führt an ihm vorbei.

Albrecht Schönes „Versuch einer Exegese"[35] von Paul Celans Gedicht – die jüngste Abhandlung zum Thema – stellt den bisher einläßlichsten, subtilsten und in vielen Details aufschlußreichsten Beitrag dar; er ist, was Materialfülle und Spurensuche anbelangt, unerläßlich für Orientierung suchende Leser. Auf viele Einzelheiten, die dort erschlossen werden, gehe ich in meinen Zusammenhängen deshalb nicht weiter ein, bzw. belasse es bei einschlägigen Hinweisen auf diese Arbeit. *Schöne* scheint mir unter allen Interpreten derjenige zu sein, der dem Grundgestus dieses Gedichtes am nächsten kommt. Besonders ist auf die wohltuende Behutsamkeit seiner Deutung des Gedichtschlusses hinzuweisen. Letztlich jedoch läßt auch dieser Beitrag den Leser mit vielen – zu vielen – offenen

---

[35] A. Schöne, a.a.O. wie o. Anm. 8

Fragen und Unsicherheiten zurück, vor allem, was das Verständnis der konstellativen Bezüge und Identitäten anlangt. „Vor der Tür" steht bei *Schöne* durchweg „ein Namenloser" (a.a.O. S. 27): Er „bleibt namenlos und schemenhaft, erscheint jedenfalls in dem hier vorgelegten endgültigen Wortlaut des Textes unidentifizierbar. [...] Vier Gestalten bringt das Gedicht ins Spiel": den Namenlosen eben, dann ein[en] „Sprechenden, der dreimal auch ‚*Ich*' sagt, aber (wie jedes ›lyrische Ich‹) keineswegs mit dem Autor selber verwechselt werden dürfte. Später eine rätselhafte, als *Kielkropf* bezeichnete Figur. Endlich wird einer noch bei Namen angeredet: *Rabbi Löw*." Allerdings: „So handfest verläßlich sind die im Wortlaut des Gedichts angedeuteten, schwebenden Bezüge [...] keineswegs", und zwar weder die zwischen sprechendem Ich und Rabbi, noch zwischen dem „Namenlosen" und dem „Golem"[36]. – Unter Berufung auf Celans oft angesprochene Formulierung der „Vielstelligkeit des Ausdrucks"[37], die freilich keineswegs einen „Freiraum der Willkür und des Beliebens" eröffne, fordert *Schöne*: „Will man sich dadurch nicht von vornherein zu einer destruktiven Lektüre entmutigen lassen, welche die Stimme des Autors im namenlosen Diskursgemurmel untergehen läßt und einen von ihm intendierten übergreifenden Sinnzusammenhang des Gedichts verloren gäbe, setzt man vielmehr (versuchsweise) eine "Sinn-Einheit„ voraus, die einem solchen Text als einer sprachlichen Einheit zukommt, dann wird man bei den vielstelligen Konnotationen je einzelner Worte und Wendungen abwägen müssen, wie sie sich zu einem Gedichtganzen fügen und welchen „Sinn-Halt" sie in dessen Kohärenzgefüge finden würden"[38]. Eben diese Aufgabe scheint mir allerdings – bei aller Annäherung *Schönes* an die Ausrichtung des Gedichts – auch bei ihm nicht überzeugend gelöst. Zu ‚schwebend' bleiben in seiner Beschreibung die wesentlichen konstellativen Be-

---

[36] Ebd., S. 21 f., 25 u. 27
[37] Vgl. Paul Celan GW 3, S. 167
[38] Schöne v.a.O., S. 27 f.

züge und Identitäten, zu vielfältig sind die den Deutungstext durchziehenden Unbestimmtheitspartikel und oft konjunktivisch formulierten Analysen.[39]

Zur genaueren Begründung des folgenden hermeneutischen Neuansatzes fasse ich zusammen, was sich m.E. in den bisherigen Deutungsversuchen als verständnishemmend oder gar auf Abwege führendes Verfahren herausgestellt hat, bzw. was sich dem gegenüber als Desiderat erweist.

Die das Sinnganze des Gedichts durchziehende Bewegungsrichtung erscheint mir oft nicht angemessen erfaßt und gedeutet, und

---

[39] Auf die in Schönes überarbeiteter und ergänzter Fassung seines Bursfelder Vortrages (Himmelfahrt 1999), wie o. Anm. 8, aufgegriffene Frage nach den „Freunden", die in den ersten Entstehungsphasen des Gedichts eine Rolle spielten, gehe ich nicht weiter ein; die Abklärung dieser Zusammenhänge [vgl. dazu: Paul Celan. Die Niemandsrose. Vorstufen – Textgenese – Endfassung, bearbeitet von Heino Schmull unter Mitarbeit von Michael Schwarzkopf, Tübinger Ausgabe der Werke Paul Celans, hrsg. von Jürgen Wertheimer, Frankfurt a.M., Suhrkamp 1996, S. 64 f. (davor Fischer 1963)] war zwar wünschenswert, das Ergebnis der Recherchen bringt allerdings keine Erhellung der o.g. Deutungsprobleme. – Ich halte es angesichts der bekannten Verfahrensweise Celans, in vielen Fällen „alte" Spuren sorgfältig zu löschen, durchaus für möglich, daß für ihn – unter der Hand – so mancher Gedichtanlaß eine andere als die ursprünglich avisierte Richtung eingenommen hat, derart, daß der „Anlaß" auch von der neu gefundenen Konzeption gänzlich überholt werden konnte. – Vgl. dazu Gerhart Baumann: Erinnerungen an Paul Celan, Frankfurt a.M., st 1986: „Mit Georg Büchner wie Robert Musil setzten zahlreiche Gespräche ein über Fragment und Skizze, über die Kunst anzudeuten, – Versuche von Dichtern, eine Vielzahl von Entwürfen, Varianten, Lösungsmöglichkeiten für ein Thema auszubilden, Möglichkeiten vielwertiger Zuordnungen aufzufächern. Wegweisend erwiesen sich unermüdliche Anstrengungen, den eigenen Text zu überholen, in Änderungen, Streichungen den Vorstellungen oft eine ganz andere, zunächst gar nicht beabsichtigte Wendung zu geben. [...] Wie viele Dichtungen haben während des Schreibens eine andere Gestalt gewonnen, – eine Gestalt, die sich mit dem Beginn nicht mehr vereinbaren läßt."

dies hat zu tun mit der unbegründeten Vernachlässigung bestimmter textinterner Signale, mit deren Gewichtung, ihrer Differenz und ihrem Zusammenhang; gewisse Sinnakzente, die der Text allein durch die ihm eigene äußerst lakonische Knappheit nahelegt, finden nicht die ihnen zukommende Beachtung. Zeit- und Raumgefüge innerhalb des strukturellen lyrischen Zusammenhangs werden nicht klar genug ausgeleuchtet, wie denn in der Regel eine adäquate Strukturbeschreibung des gesamten Textes fehlt. Allenfalls vorhandene Ansätze dazu werden nicht zureichend ergründet. Darüber hinaus erscheint mir die Position des Textes als Bestandteil der Zyklus-Form des Gedichtbandes noch nicht hinreichend beschrieben, – was allerdings auch nicht möglich ist, solange seine Bedeutungsrichtung unbestimmt bleibt; die Frage danach müßte nach allem, was man über die dem Zyklus vorgegebenen Anordnungen des Autors weiß, von hermeneutischer Bedeutung sein. Die Lösung *dieser* Aufgabe kann jedoch im Rahmen der vorliegenden Arbeit nicht erfolgen und bleibt späteren Bemühungen vorbehalten.

Nicht zuletzt ist durchweg eine befremdliche Zurückhaltung gegenüber Celans eigenen Andeutungen als Verständnishilfen zu vermerken. Zwar werden derartige Hinweise oft zitiert, so passim z.B. Celans eindringliche Worte aus seiner Bremer Rede von 1958 zur dortigen Verleihung des Literaturpreises der Stadt (GW 3, S. 185f.), Worte, die darauf hindeuten, welche Prägung für ihn seine Heimatlandschaft, die Bukowina, durch die von Martin Buber übersetzten und vermittelten chassidischen Legenden und Erzählungen erfahren hat, dies „Land, in dem Menschen und Bücher lebten". Ähnliches gilt auch für die verbürgten, gesprächsweise geäußerten ‚Vorbedingungen' für den Leser seiner Werke: „Kenntnis der jüdischen oder chassidischen Religionsgeschichte"[40]. Merkwürdigerweise werden solche Spuren in der Regel nicht weiter verfolgt. Es ist bezeichnend in diesem Zusammenhang, daß der schon erwähnte

---

[40] Vgl. o. Anm. 13

Kommentarband zur NIEMANDSROSE nur an einer Stelle einen etwas ausgeprägteren Bezug auf den Chassidismus nimmt: *Hendrik Birus* mit seinem Beitrag zu ZWEIHÄUSIG, EWIGER[41]. Bezüge auf Walter Benjamin oder Gershom Scholem finden sich dagegen durchweg häufig, letztere halten sich allerdings zumeist in eher verallgemeinernden Hinweisen zur jüdischen Mystik auf, wie sie von Scholem beschrieben wird.

Es erscheint deshalb unumgänglich, Celans eigenes Hindeuten auf den Bereich der chassidisch geprägten jüdischen Mystik wörtlicher, ernster zu nehmen, als das bisher geschehen ist.

Um dem Leser dieser Arbeit ein ständiges Hin- und -Herspringen zwischen dem Gedichttext und dem hier neu zu erörternden besonderen Bezugsbereich (Chassidismus; M. Buber, G. Scholem), wie er von Celan selbst vorgegeben worden ist, zu ersparen, werde ich der eigentlichen Textanalyse und –deutung gesondert einige Bemerkungen zu diesen ‚Bedingungen' vorausschicken.

---

[41] Vgl. Kommentar, a.a.O., S. 187 ff.

II Exkurs

Die Kriege Gogs und Magogs
werden um Gott geführt.
Rabbi Löw ben Bezalel von Prag

(Motto zu Martin Buber, „Gog und Magog")

Zur Fundierung des neuen hermeneutischen Ansatzes, von dem aus ich im nachfolgenden dritten Teil dieser Arbeit einige der bisherigen Deutungsprobleme des Titelgedichtes zu lösen hoffe, ist es nötig, das von Celan selbst bezeichnete Umfeld anhand einschlägiger Texte näher zu beleuchten, da dies in der literaturwissenschaftlichen Forschung bisher nicht hinreichend erfolgt ist[42], zumindest an keiner Stelle im Zusammenhang mit unserem Text. – Es versteht sich, daß ich mich dabei auf diejenigen Gesichtspunkte be-

---

[42] Kurz vor Abschluß meiner Arbeit stieß ich auf ein Celan-Buch, das von *theologischer* Warte aus zu eben dem Problemkomplex Stellung nimmt, um den es mir geht, wenngleich die Ausrichtung dieses Buches weniger literaturwissenschaftlich im engeren Sinne ist und auch unser Gedicht-Text darin keine Rolle spielt, von einer kaum relevanten Anmerkung (ebd., S. 65, Anm. 13) abgesehen: *Lydia Koelle*: Paul Celans pneumatisches Judentum. Gott-Rede und menschliche Existenz nach der Shoah, Mainz, Matthias-Grünewald, 1997, [2]1998, als Band 7 der Reihe Theologie und Literatur, hrsg. von Karl-Jost Kuschel. In diesem über 400 Seiten starken Buch wird ein breites, durch viele akribische Recherchen verankertes Fundament gebildet, das schon längst für die Celan-Forschung ein Desiderat hätte sein sollen: der Nachweis von Celans Auffassung vom Judentum, wie er es verstand, als einer unabdingbaren Voraussetzung für das Verständnis seines Werkes. Die literaturwissenschaftliche Celan-Forschung wird künftig an den Ergebnissen dieses Buches nicht vorbeikommen, und dies wird Überprüfungen bereits vorliegender Positionen zur Folge haben müssen. Was in meiner Arbeit am einzelnen Gedicht entwickelt wurde, wird bei L. Koelle auf breiter theologischer Ebene erörtert und belegt, wobei Celans spätere Dichtung besonders berücksichtigt wird.

schränken werde, die unmittelbar zum besseren Verständnis dieses Textes beitragen.

Zuvor fasse ich zusammen, was sich als biographischer Bezugsrahmen ergibt. – Der Weg, den Paul Celan zu den Wurzeln seiner Herkunft und zu *seinem* Judentum genommen hat, ist so ‚krumm' wie ‚gerade' –, wie es heißt in:

EINE GAUNER UND GANOVENWEISE
GESUNGEN ZU PARIS EMPRÈS PONTOISE
VON PAUL CELAN
AUS CZERNOWITZ BEI SADAGORA

[…]

Krumm war der Weg, den ich ging,
krumm war er, ja,
denn, ja,
er war gerade.

[…ff.][43]   (GW 1, aus: NR, Teil I, S. 229)

Folgt man der Biographie *J. Felstiners*, so entspricht die frühe Distanzierung Celans vom orthodoxen Judentum und die dann ab etwa 1955 einsetzende intensive Auseinandersetzung und Beschäftigung mit jüdischer Mystik, Kabbala und dem Chassidismus in etwa dem Verhältnis, das Celan zu seinen Eltern hatte.

Seine „Vorfahren waren gläubige Juden, wie er wußte: der Großvater seiner Mutter ein frommer Chassid, der nach Safed in Palästina gepilgert war, sein eigener Großvater ein Schriftgelehrter. Celans Mutter stammte

---
[43] Vgl. dazu J. Felstiner, a.a.O., S. 29 ff.

aus Sadagora, einem Zentrum des Chassidismus, nicht weit von Czernowitz, [...], und einmal erwähnte er beifällig, daß seine Urgroßmutter "einer Karäer-Familie entstammte"; er fand das „hübsch", weil die Karäer „Anhänger der Schrift" gewesen seien. – „Der Vater, Leo Antschel, war orthodox aufgewachsen und vertrat entschieden zionistische Überzeugungen, und Paul, das einzige Kind, empfand deren drückende Last. Mit sechs Jahren wurde er aus einer liberalen, deutschsprachigen Volksschule genommen und auf eine hebräische, die Ssafa Iwrija, geschickt. [...] Auch nachdem er 1930 auf ein Staatliches Gymnasium kam, mußte er weiter Hebräisch lernen, allerdings bei einem Hauslehrer – und sogar in den Weihnachtsferien, wie er sich [...] beklagte. [...] Der Familien-Sabbath wurde von beiden Eltern gemeinsam gefeiert, auf deutsch und auf hebräisch. Gleichwohl empfand der heranwachsende Paul Aversion gegen den strengen Vater, aber Nähe zur Mutter.[44]

Angesichts dieser frühen Lebenssituation nimmt es nicht wunder, daß Celan später sagen konnte: „das Mutterwort führte [mich]" (GW 1, S. 111), – und damit wird nicht nur die deutsche Sprache gemeint sein, sondern ebenso die chassidische Tradition, aus der die Mutter kam.

Dagegen scheint die fast völlige Abwesenheit des Vaters in Celans Dichtung das distanzierte, schwierige Verhältnis zu spiegeln. (ebd.)

J. Felstiner weist präzise – wenn auch nicht auf Vollständigkeit bedacht – nach, welche Aufsätze bzw. Bücher Celan zu welchem Zeitpunkt für seine private Bibliothek erworben, bzw. was er zu be-

---

[44] Ebd. S. 29

stimmten Zeiten seines Pariser Lebens gelesen hat. Unter diesen nachgewiesenen Studien Celans gibt es einige Beispiele, die sich für meinen Argumentationszusammenhang als besonders bedeutsam herausgestellt haben; deshalb möchte ich sie kurz charakterisieren.

Unter dem Datum „30. Januar 1960" verzeichnet *Felstiner* folgende Buchkäufe:

> Bubers *Drei Reden über das Judentum*, Franz Rosenzweigs Übersetzungen aus Juda Halevi, eine Monographie von 1905 über den Juden in der deutschen Literatur, und schließlich ein Buch, das, wie er [Celan] später sagte[45], einen Zugang zum Verständnis seiner Dichtung eröffnete: *Vom Judentum*, 1913 von Kurt Wolff für den zionistischen Bar-Kochba-Verein von Prag herausgegeben, [dies Buch] versammelte Beiträge von 25 führenden Persönlichkeiten.[46]

Bedenkt man, daß die Entstehungszeit unseres Titelgedichtes mit seinen fünf Fassungen für Mai bis September 1961 angesetzt werden muß[47], so ist eine gewisse Kohärenz zwischen diesen Büchern und dem Gedicht bzw. dessen Umfeld anzunehmen. Nach *Felstiner*

---

[45] Ebd. S. 202, dort leider ohne Nachweis; dieser findet sich bei G. Baumann, wie o. Anm. 39 a.a.O., S. 28 f. In dieser frühesten Begegnung zwischen Baumann und Celan in Freiburg sprach Celan über dieses Buch „*als Weg zu seiner Dichtung*". Baumann hebt hervor, daß die große Bedeutung, die Celan dieser Lektüre beimaß, sich auch darin äußerte, daß dieser den Titel des (o.g.) Sammelbandes „unverzüglich mit seiner klaren und großzügigen Schrift [...] auf ein Blatt schrieb."

[46] Vom Judentum, hrsg. von Kurt Wolff für den zionistischen Bar-Kochba-Verein von Prag, 1913; vgl. J. Felstiner, a.a.O., S. 202

[47] Vgl. Kommentar, a.a.O., S. 173 ff., sowie die synoptische Darstellung der Fassungen in: Paul Celan, Die Niemandsrose, Vorstufen, Textgenese, Endfassung, a.a.O. (wie o. Anm. 39).

zeigt in Celans Exemplar nur der Aufsatz „Die Heiligung des Namens" von Hugo *Bergmann* – ein enger Freund Bubers wie Kafkas – deutliche Lesespuren:[48]

> Viele Sätze strich er an, und über den ersten Absatz schrieb er auf hebräisch: »Darum haltet meine Gebote, und tut darnach; denn ich bin der Herr. Daß ihr meinen heiligen Namen nicht entheiligt, und ich geheiligt werde unter den Kindern Israel; denn ich bin der Herr, der euch heiligt« (3. Mose 22, 31, 32). Was noch erstaunlicher ist: Wo das biblische Hebräisch für den Namen Gottes die unaussprechbaren Buchstaben (JHWE) hat und wir „Herr" oder *Adonai* sagen würden, schrieb Celan überhaupt keine Buchstaben, sondern setzte nur drei Punkte – und das bei einem Mann, der seit seiner Bar Mizwa kaum eine Synagoge von innen gesehen hatte. Entheiligt nicht den heiligen Namen: dieses Gebot befolgte der Dichter wörtlich.[49]

Worum geht es in diesem von Celan so herausgehobenen Aufsatz *H. Bergmanns*? Auf die vielschichtigen Gedankengänge dieser Arbeit im einzelnen einzugehen, ist hier nicht möglich, ihre Essenz läßt sich so skizzieren: Der bei *Felstiner* zitierte Satz Celans „Entheiligt nicht den heiligen Namen" ist offenbar die – von Celan selbst vorgenommene – Übersetzung der den Bergmann-Aufsatz eröffnenden Moses-Stelle (3. Buch Mose, Kap 22). Diese

---

[48] Dies trifft so nicht zu: Margarete Susmans Aufsatz zu „Spinoza und das jüdische Weltgefühl" (S. 51–70) zeigt viele Lesespuren; wenige Randstriche finden sich noch in: Arnold Zweig, „Die Demokratie und die Seele der Juden" (S. 210–235). An den Randbemerkungen zum Aufsatz Bergmanns läßt sich erkennen, daß Celan diesen Text offenbar wiederholt gelesen hat. Alle Nachweise bei: Lydia Koelle, a.a.O., S. 79 ff.

[49] J. Felstiner, a.a.O. S. 202

„*Heiligung Gottes in der Mitte der Kinder Israels*", die *Bergmann* zitiert (a.a.O., S 32), wird zunächst als Problem verdeutlicht, denn: „[...], was soll es heißen, daß er (d.h. Gott) durch den Menschen geheiligt werden soll?" (ebd. S. 33). In der Beantwortung dieser Frage unterscheidet *Bergmann* eine ‚europäische' und eine ‚jüdische' Betrachtungsweise, das Verhältnis zwischen Welt, Gott und dem Menschen betreffend. Für den ‚europäischen' Kulturkreis nimmt *Bergmann* ein *statisches* Verhältnis an (die Berechtigung dieser Ansicht kann in unserem Zusammenhang vernachlässigt werden), dem Judentum spricht *Bergmann* eindeutig ein dynamisches Verhältnis zu:

> [...] die jüdische Auffassung [...] verknüpft das Schicksal der Welt und Gottes so miteinander, daß nicht bloß die Welt von Gott, sondern – und das ist [...] von zentraler Bedeutung – *das Schicksal Gottes von der Welt abhängt*, [...]. Die jüdische Ansicht betrachtet Gott vom Standpunkt des Menschen aus, als des menschlichen Lebens *Ziel und Aufgabe* [...]. Selbst die Eigenschaft Gottes, die für den Juden die größte Bedeutung hatte, seine *Einheit*, wird in dieser Weise dynamisch gefaßt. man spricht nicht von der Einheit, sondern der *Einung* Gottes: Jichud haschem". (ebd. S. 33). Diese Einung wird zustandegebracht, wenn das Gebet des Frommen in den Himmel eindringt.

Weiter heißt es bei *Bergmann*:

> Man findet am Schlusse des Versöhnungstages in den Gebeten die siebenmalige Wiederholung der Worte: „Jahwe ist Elohim!" Heute ist das bloße Formel. Dem Juden war es Ausdruck des höchsten Geheimnisses. Die innige Erhebung, in welcher er den Tag der Versöhnung [also: Jom Kippur mit seinen zehntägigen Vorbereitun-

gen durch Fasten, Versenkung, Gebet, Selbstprüfung][50] verbracht hatte, *bewirkte*, daß Jahwe und Elohim sich vereinigten: die Schöpfung, deren Prinzip Elohim [Vielheit] ist, hatte sich wieder ihrem Urquell, dem göttlichen Welterhalter, Jahwe, zugewendet. (ebd. S. 33 f.).

Es geht, m.a.W., um die Potentialität des Göttlichen, die vom Menschen erst noch zu verwirklichen ist (ebd. S. 38). So verstehen wir jetzt die im Sohar stets wiederkehrende Mahnung, Gott selbst *gebiete* dem Menschen, *ihm gleich zu werden* in allen Dingen. [...] Dergestalt, „daß wir das Gebot des Sittengesetzes nicht als ein Fremdes, sondern als unseres Seins ureigenste Wesenheit erleben." (ebd. S. 41). „Dasjenige Leben wird also Gott bewähren, das sich heraushebt aus der Verflechtung der Bedingtheiten, der Rücksichten und Kompromisse, das *unbedingte* Leben" (ebd. S. 42).

Der Aufsatz schließt mit der Aufforderung:

[...], seid ganz auf euren Wegen, erneut euch aus dem Geist rücksichtsloser Strenge, daß Gott euch wieder werde, was er dem Moses war: Ein verzehrendes Feuer! (ebd. S. 43).

Das *unbedingte Leben* (in diesem religiösen Sinne) also – bei *Bergmann* allerdings mit dem Zionismus verknüpft, der Celan eher fernlag – das war es, was den Dichter an dieser Schrift so faszinierte, daß er darin einen unmittelbaren Zugang zum Verständnis seines eigenen Werkes verstanden wissen wollte, – ein Hinweis, der zeitlich gegeben wird in engem Zusammenhang mit der Entstehung der

---

[50] S. dazu z.B.: Einschlägige Lexica wie z.B. um nur ganz wenige informative Texte zu nennen: S.Ph. De Vries Mzn.: Jüdische Riten und Symbole, Wiesbaden, Fourier 1981, [5]1988, zuerst Amsterdam, 1968; Marc-Alain Ouaknin, Symbole des Judentums, Wien, Brandstätter 1995, [2]1997

NIEMANDSROSE, etwa ein Jahr vor der letzten Fassung unseres Titelgedichts.

Solche Gedankengänge wie die von *Bergmann* verbinden sich bei Celan mit dem anderen großen Bezugsbereich, der ihn etwa seit Mitte der fünfziger Jahre und von da an immer weiter fesselte: dem Chassidismus und der jüdischen Mystik, wie sie ihm vor allem durch Martin *Buber*, Franz *Rosenzweig* und Gershom *Scholem* vermittelt worden sind. *Scholems* Bücher waren Celan schon seit 1957 bekannt; daß der Dichter sich noch 1967 mit dem 1962 erschienenen Buch *Scholems* „Von der mystischen Gestalt der Gottheit" zehn Tage lang ‚vergraben' habe, wird bei *Felstiner* berichtet.

Auch Edith *Silbermann*, die von der Schulzeit an lebenslang mit Celan befreundet war, verweist auf den Bezug Celans zum Chassidismus:

> Hier in Sadagora war dem Schöpfer der Chassidischen Geschichten, Martin Buber, als er in seiner Knabenzeit auf dem väterlichen Hof in der Bukowina weilte, erstmals der Chassidismus begegnet, und hier in Sadagora stand auch die Wiege von Celans Mutter. So kann es nicht wundernehmen, daß Celan, der Martin Buber bis zur Verzückung verehrte und sich auf den Knien den Segen von ihm erbat, auch der geistigen Magie des Ortes verfiel: »die Landschaft, aus der ich zu Ihnen komme«, sei jene, »[...] in der ein nicht unbeträchtlicher Teil jener chassidischen Geschichten zu Hause war, die Martin Buber uns allen auf deutsch erzählt hat [...] es war eine Gegend, in der Menschen und Bücher lebten (GW 3, S. 185).[51]

---

[51] Vgl. Edith Silbermann, Begegnung mit Paul Celan, Aachen, Rimbaud 1995, ²1995, S. 31 f.

Der oben beschriebene Vorgang – die Bitte um Segnung – wäre der ersten und einzigen Begegnung Celans mit Buber, am 13. September 1960 in Paris, zuzuordnen; damals stand der Vierzigjährige dem greisen, 82jährigen Buber gegenüber. „Aber die Huldigung mißlang". *Felstiner* vermutet, daß die Begegnung daran scheiterte, daß Celan Bubers „verzeihenden Standpunkt gegenüber Deutschland" nicht hatte teilen können:

> Auf Celans innerstes Bedürfnis, irgendeinen Widerhall seines eigenen Elends zu vernehmen, konnte oder wollte Buber nicht eingehen. Diese [...] gescheiterte Begegnung entließ den Dichter nur um so verletzlicher (a.a.O. S. 213).[52]

In diesem Zusammenhang muß man darauf hinweisen, daß *Buber* in seinem Versöhnungsdenken schon recht früh sehr weit ging. So heißt es in einem bewegenden Brief an Louis Massignon vom 15. September 1953:

> Der Jom Kippur fällt in diesem Jahr auf den 19. September. Wenn Sie es wünschen, werde ich mit Ihnen für Israel und seine Gegner fasten, indem ich die einen mit den andern in meinem Fasten und meinem Gebet vereine und indem ich die große Vergebung ihres gemeinsamen Vaters für ihre Missetaten erflehe – ich

---

[52] Vgl. Felstiner, a.a.O. S. 213. Zu dieser Begegnung Celans mit Buber jetzt auch ein Augenzeuge: Jean Bollack, Paul Celan, Poetik der Fremdheit, Wien, Paul Zsolnay 2000, S. 132 f., der Felstiners These zur Begründung des Scheiterns im wesentlichen bestätigt, ohne doch – vermutlich aus Diskretion – Einzelheiten offenzulegen. Bollacks Auffassung von der eher unerheblichen Bedeutung Scholems für Celan (ebd. S. 133 und Anm. 71) vermag ich aufgrund eigener Recherchen, jetzt auch gestützt durch das o.g. Buch von Lydia Koelle, nicht zu folgen; daß Scholem seinerseits die Texte Celans fremd geblieben sind, ist dagegen plausibel.

möchte fast wagen zu sagen: für ihre gemeinsamen Missetaten. Ich werde wie immer mit mir selbst anfangen, dem Einzigen, dessen Böses ich ganz kenne, dann werde ich für mein Volk und weiter für seine Nachbarn Fürbitte tun, die vereint sind durch die gemeinsame Aufgabe und die gemeinsame Schuld; die Schuld, die Aufgabe, die ihnen anvertraut ist, verkannt zu haben und weiter zu verkennen. Der Barmherzige möge Ihr Gebet wie das meine erhören, als ob sie ein einziges Gebet für das unglückselige Volk des Adam wären. (a.a.O. S. 422).[53]

Celan war zur Zeit der Begegnung mit Buber geschüttelt von den Widerwärtigkeiten der Goll-Affäre mit ihren ihn so tief verletzenden Plagiats-Verdächtigungen, er fühlte sich gleichzeitig umgetrieben von nicht zu beschwichtigenden Ängsten vor einem teilweise tatsächlich erfahrenen, partiell auch nur vermuteten neu aufbrechenden Antisemitismus, den er – bis in sonst freundschaftliche Beziehungen hinein – vermeintlich gegen sich gerichtet sah.[54]

Angesichts dieser Gegebenheiten und der Ballung belastender psychischer Erfahrungen kann es nicht wundernehmen, daß die so leidenschaftlich ersehnte Begegnung mit Buber in Paris schließlich

---

[53] Abgedruckt in: Martin Buber, Bilanz seines Denkens, hrsg. von Jochanan Bloch und Haim Gordon, Freiburg/Basel/Rom/Wien, Herder 1983, Veröff. der Ben-Gurion-Universität des Negev, S. 422

[54] Vgl. dazu die Dokumentation von Barbara Wiedemann (wie o. Anm. 4); ebenso G. Baumann (wie o. Anm. 40) oder J. Felstiner, a.a.O., passim, mit reichhaltigen Verweisen; Theo Buck: Muttersprache, Mördersprache, in: Celan-Studien 1, Aachen, Rimbaud 1993; darin: Wachstum oder Wunde. Zu Celans Judentum, S. 25 ff.; James K. Lyon: Judentum, Antisemitismus, Verfolgungswahn: Celans ‚Krise' 1960–1962, in: Celan-Jahrbuch 3 (1989), Heidelberg 1990, S. 175–204, um nur einige wenige Autoren zu nennen.

doch ins Befremden geraten mußte.[55] Bedenkt man die zeitliche Nähe zwischen dieser so unglücklich verlaufenen Pariser Begegnung vom 13. September 1960 und der Entstehungszeit des Gedichts – zwischen Mai und September 1961 – so könnte sich die Frage nahe legen, ob man es bei der dramatischen Gesprächssituation des Gedichts – (wobei es sich hier um einen sowohl imaginären wie auch stumm bleibenden „Gesprächspartner" handelt) – ob man es also in diesem lyrischen Text nicht mit einer Art Reflex auf die reale Begegnung zwischen Buber und Celan zu tun habe; eine bestechende Frage. Immerhin erscheint ein Konzeptionswechsel – von *den* „Freunden" der ersten Fassung bis zu *dem* großen „Freund", als der Martin Buber doch wohl betrachtet werden kann – plausibel. Aber die Beantwortung dieser Frage stieße angesicht der schwierigen Positionsbestimmung Bubers auf so große Probleme, daß sie ohne weitere Aufschlüsse, eventuell aus dem Nachlaß Celans, dahingestellt bleiben muß.

Es bleibt aber festzuhalten, daß Celans Bild von chassidischer Frömmigkeit und chassidischem Leben vorzüglich durch die poetisch überhöhende Darstellung geprägt war, wie sie für Bubers Schriften kennzeichnend ist. – Buber selbst war sich der historischen Abläufe innerhalb des Chassidismus mit seinen Aufstiegs- und Verfallserscheinungen durchaus bewußt. Es ist aber zweifelhaft, ob der Chassidismus für Celan so prägend hätte sein können, wenn er – ohne die poetische Aura der Buberschen Darstellung – nur auf

---

[55] Bis zur persönlichen Begegnung scheint das Verhältnis Celans zu Buber offenbar ungebrochen gewesen zu sein.
Vgl. Paul Celan/Nelly Sachs. Briefwechsel, hrsg. von Barbara Wiedemann, Frankfurt a.M., Suhrkamp 1993, S. 47 und Anm. 4). Ob Celan noch kurz vor dieser Begegnung mit Buber zwei von dessen Büchern (es gibt keine Titelangabe) an die Freundin nach Schweden geschickt hat, ist nach Brief Nr. 44 (Sachs an Celan) eher wahrscheinlich, aber nicht ganz abzuklären (vgl. ebd. S. 124) trotz der Erwähnung durch N. Sachs.

religionshistorisch-wissenschaftliche Schriften angewiesen gewesen wäre.

Fragt man nach Berührungspunkten und Übereinstimmungen im Denken, die Buber und Celan – bei aller sonstigen Verschiedenartigkeit – verbinden, so ergibt sich ein erstaunlich umfänglicher Katalog von Entsprechungen, – sowohl im Grundsätzlichen wie bis in Einzelphänomene hinein.

Es ist in unserem Zusammenhang nicht möglich, auf das komplexe und komplizierte Verhältnis Bubers zum Judentum, auf seine lebenslang währende Auseinandersetzung mit Grundfragen des jüdischen Glaubens einzugehen. Zu diesem Problemkomplex liegt inzwischen eine reichhaltige Literatur vor, von den ausführlichen Darlegungen Gershom *Scholems* an bis hin zu jüngsten Veröffentlichungen anderer Autoren[56]. Bei dem vielfachen Wechsel Buberscher Anschauungen im Verlauf seines Lebens bleiben einige Grundpositionen jedoch konstant. Ich beschränke mich hier auf solche, die Buber und Celan gemeinsam sind und die für die Erschließung unseres Textes eine wesentliche Rolle spielen.

Dazu gehört – insbesondere für die frühen und mittleren Jahre Bubers z.B.: *Die Polemik gegen das Gesetz*. Gemeinsam ist Buber und Celan eine sich früh entwickelnde Distanzierung vom orthodoxen Judentum. Für beide war die Synagoge kein Ort der Orien-

---

[56] Vgl. z.B.: Martin Buber. Hrsg. von Paul Arthur Schilpp und Maurice Friedman, aus der Reihe: Philosophen des 20. Jahrhunderts, hrsg. von P. Schilpp, Stuttgart, Kohlhammer 1963 mit reichhaltiger weiterführender Literatur; Martin Buber, Bilanz seines Denkens (wie o. Anm. 53); Maurice Friedman: Begegnung auf schmalem Grat. Martin Buber – ein Leben, Münster, agenda 1999. Gerhard Wehr: Der Chassidismus in Leben und Werk Martin Bubers, in: Der Chassidismus. Leben zwischen Hoffnung und Verzweiflung, Evangelische Akademie Baden (Hrsg.), Karlsruhe 1996 = Herrenalber Forum Band 15, Beitr. von P. Lapide.

tierung. Buber hat die dogmatisch erstarrte Gesetzlichkeit des strenggläubigen traditionsverhafteten Judentums immer wieder nachdrücklich abgelehnt. Scholem, wissenschaftlicher Exeget des Judentums, der von Buber beeindruckt war, steht dennoch seinen poetischen Überhöhungen zeitlebens kritisch gegenüber. In seinem Aufsatz von 1966: „Martin Bubers Auffassung des Judentums"[57] formuliert er Bubers Standpunkt einfühlend so:

> Es gibt ein „echtes Judentum", das dem unechten gegenübersteht. Und von hier geht auch die Rede vom „Urjudentum" aus, das die seinerzeit so einflußreichen Prager „Drei Reden über das Judentum" (1911) durchzieht, einem Urjudentum, das alle Formen und Normen übersteigt, die als jüdisch gelten. [...] Der Grundimpuls bei all dem war ein kritischer: die Verwerfung der historischen, formulierbaren Erscheinungen des Judentums in fixierten Gestaltungen. Die Losung des jungen Buber war – und blieb es im Grunde: „Nicht die Formen, sondern die Kräfte". [...] Unermüdlich ist der junge Buber, [...], in der Polemik gegen das Gesetz. Vor der Emanzipationszeit, meint er, „war die Kraft des Judentums nicht bloß von außen niedergehalten, von Angst und Qual [...], nicht bloß von der Knechtung durch die Wirtsvölker; sondern auch von innen, von der Zwingherrschaft des Gesetzes; das heißt einer mißverstandenen, verschnörkelten, verzerrten religiösen Tradition, von dem Bann eines harten, unbewegten, wirklichkeitsfremden Sollens, der alles triebhaft Helle und Freudige

---

[57] Vgl. G. Scholem: Martin Bubers Auffassung des Judentums, in: Judaica 2, Frankfurt a.M. 1970, ⁵1995, S. 133 ff., hier S. 122. Celan hat es nicht mehr kennengelernt, es finden sich darin aber viele Positionen, die ihm aus früheren Schriften Scholems und Bubers bekannt sein mußten (wie z.B. Gedanken zum unbedingten Leben, zur Ablehnung erstarrter Rituale, zur „Tatidee" uvm.).

[…] verketzerte und vernichtete, das Gefühl verrenkte und den Gedanken in Fesseln schlug. […]

Zu diesen Anschauungen Bubers, in denen sich Celan wiederfinden konnte, gehört weiterhin als tragender Gedanke die Wesenserkenntnis dessen, der bei den Juden ein „*Gerechter*" genannt wird. Es geht dabei nicht etwa um einen Menschen, der zu verstehen wäre als jemand, der zur reinen Unversehrtheit und Heiligung gelangt ist, sondern der Gerechte wird einbezogen gedacht in die alles umfassende Einheit Gottes, auf die sich der Fromme in allen Phasen seines Lebens zubewegt und somit etwas in der Welt bewirkt:

> Wenn daher ein Mensch eine Sünde begeht, spiegelt sich irgend etwas davon auch in den ‚Vollkommenen Israels' [das heißt in den Gerechten] wider. Wenn der Gerechte seinerseits den Fleck, den er in sich selbst vorfindet, auslöscht und vor Gott Buße tut, so zwingt er damit auch den Sünder zur Umkehr.

Dieses Zitat entstammt dem 1962 erschienenen Buch G. *Scholems*: Von der mystischen Gestalt der Gottheit[58], das Celan 1967 von S. Unseld, seinem Verleger, geschenkt bekam. Wenn also J. *Felstiner* berichtet, daß Celan sich noch 1967 diesem Buch zehn Tage lang gewidmet habe[59], so fand dieser darin vieles auf eine breitere Basis gestellt und vertieft wieder, was er aus den ihm bis dahin bekannten Büchern und Aufsätzen Scholems schon kannte, dem er in Paris dreimal persönlich begegnet ist, wie auch später in Jerusalem (1969). An der Tatsache dieser späten, so intensiven Lektüre läßt sich deutlich ablesen, daß die Thematik, die Celan, wie gesagt, etwa seit Mitte der fünfziger Jahre verfolgte, ihn nicht nur vor-

---

[58] G. Scholem: Von der mystischen Gestalt der Gottheit, Studien zu Grundbegriffen der Kabbala, Zürich, Rhein, 1962, Frankfurt a.M. st ⁴1995
[59] Vgl. J. Felstiner, a.a.O. S. 302

übergehend fesselte, sondern ihm zum lebensbegleitenden Bezugsbereich geworden war.

Der Gedanke des im religiösen Sinn *„unbedingten Lebens"*, der in dem o.g. Aufsatz von Bergmann so zentral ist, erscheint bei Buber schon früher: 1911 in den bereits angesprochenen drei Reden über das Judentum. Celan erwarb sie auch 1960, eben mitten in der Entstehungszeit der NIEMANDSROSE und kurz vor der Arbeit an unserem Titelgedicht. Bergmanns Aufsatz und Bubers Reden „entsprechen einander teilweise bis in den Wortlaut hinein"[60] (damit soll nun jegliche Differenz, die es *auch* gab, keineswegs geleugnet werden). Für beide erschien der Gedanke einer notwendigen Erneuerung des Judentums gebunden an diese Auffassung vom „unbedingten Leben":

> Für Buber, der in seinen jungen Jahren als moderner Intellektueller beinahe ein Agnostiker war, war nun der Glaube das Wesentliche geworden.

So Robert *Weltsch* in seiner Einleitung zu dem Band: Der Jude und sein Judentum mit gesammelten Briefen und Reden Martin Bubers[61]. – Dieser Satz erfordert, was den Glauben anbelangt, jedoch Präzisierung: Es geht hier nicht um ‚Glaubenssätze', als etwas dem Menschen gegenüber Stehendes, an dem er sich zu orientieren hätte, sondern um Lebensverwandlung. Weltsch:

---

[60] So verwenden z.B. beide, Buber wie Bergmann, das Bild vom Menschen als das eines „Gotteswagens", auf dem ER hinabfährt", vgl. Buber: Drei Reden über das Judentum, Frankfurt a.M., Rütten Loening, 1920, S. 87; Bergmann, a.a.O. (wie Anm. o. 46) S. 38

[61] Robert Weltsch, Hrsg: Martin Buber, Der Jude und sein Judentum. Gesammelte Aufsätze und Reden, mit einer Einleitung von Robert Weltsch, Gerlingen, L. Schneider ²1993

Neben dem von den meisten Geschichtsschreibern allein betrachteten offiziellen Judentum, das sich teilweise in immer unfruchtbare Buchstabengläubigkeiten, teilweise in Materialismus und Streben nach sozialer Geltung verlor, steht der ununterbrochene Strom des unterirdischen Judentums, der Ketzer, Mystiker und Gottsucher, die nichts Feiges und Erstarrtes übernehmen wollten, sondern besorgt sind, den Geist ins Leben zu bringen.[62]

Daß Buber mit einer derartigen Einstellung nicht die

Bedürfnisse der breiten Massen des Volkes befriedigte, die eine jüdische Lebensform suchten[63],

liegt auf der Hand. Und so ist

Bubers Haltung und Mahnung nicht immer die Stimme des offiziellen Judentums.[64]

Viele gläubige Juden sahen religiöse Erfüllung gebunden an die Einhaltung der Vorschriften des Talmud (der Halacha),

Buber aber betrachtete das Ritualgesetz, das in den vielen Jahrhunderten der jüdischen Volksexistenz in der Diaspora dem jüdischen Leben sein Gepräge gab, als Menschenwerk, das nicht wesentlich ist für den Gläubigen, der in jeder Stunde und jeder Situation die Antwort zu suchen und selbst auf die göttliche Stimme zu lauschen hat.[65]

---
[62] Ebd. S. XXIV
[63] Ebd S. XXVI
[64] Ebd. S. XL
[65] Ebd. S. XXVII

In diesem Sinne konnte Buber von sich sagen, daß er

selber von der Orthodoxie als Ketzer verschrien

sei[66]. – Eine ähnliche nonkonformistische Haltung gegenüber jeglicher orthodoxen Verfestigung ließe sich fraglos auch für Celan in Anspruch nehmen.

Halten wir fest: Wie der junge Buber war auch der junge Celan – zumindest vor seiner Pariser Zeit – religiös nicht sonderlich engagiert. Vielmehr verlagerte sich das Interesse aufs Politische bzw. Soziale: Er trat – besorgniserregend für seinen Vater – aus dem zionistischen Jugendbund „Davidia" aus (nach 1933) und schloß sich einer „suspekten antifaschistischen Jugendgruppe" an; und das zu „einer Zeit, da die Czernowitzer vor ihren Rundfunkgeräten den Tiraden Adolf Hitlers lauschten und kommunistische Betätigung mit Folter und Haft geahndet wurde. [...] Den Kommunismus gab er bald auf, aber eine Affinität zu Anarchismus und Sozialismus blieb ihm zeitlebens".[67]

Die spätere Hinwendung zur eigenen Glaubenstradition ist geprägt von Bubers Verständnis eines chassidisch-mystischen Judentums, für das die Unbedingtheit des Lebens sich darstellt in einer Befreiung durch Umkehr, Verinnerlichung. Verwandlung. Einige prägnante Beispiele für diese Einstellung:

Das Judentum hat für die Juden so viel Sinn, als es innere Wirklichkeit hat[68]

Und aus der Rede: Der Geist des Orients und das Judentum:

---

[66] Martin Buber: Gottesfinsternis, Gerlingen, L.Schneider, S. 159
[67] Vgl. Felstiner, a.a.O. S. 31
[68] Aus: Der Jude und sein Judentum, a.a.O., S. 10

> Teschuwa, Umkehr – so heißt der Akt der Entscheidung in seiner letzten Steigerung: wenn er die Zäsur eines Menschenlebens, den erneuernden Umschwung mitten im Verlauf seiner Existenz bedeutet. [...] An dem Umkehrenden geschieht die Schöpfung aufs neue, [...]. Ehe die Welt erschaffen war, heißt es, war da nichts als Gott allein und sein Name; da geriet es in seinem Sinne, die Welt zu erschaffen, und er zeichnete sie vor sich hin; aber er sah, daß die Welt nicht bestehen konnte, weil sie keine Grundfeste hatte; da schuf er die Umkehr.[69] [70]

In der Rede: „Die Erneuerung des Judentums" heißt es: Es gehe in der Tiefe jüdischer Religiosität um die

> Sehnsucht [des Juden], sich aus seiner inneren Entzweiung in eine absolute Einheit zu retten und zu erheben. [...]. Das ganze Pathos der Propheten, das gewaltigste Pathos der Menschheitsgeschichte, dient dieser Idee. Aber dies ist ein Gipfel des geistigen Prozesses. [...]. Die Idee verdünnt, entfärbt sich, bis aus dem lebendigen Gott ein unlebendiges Schema geworden ist, welches die Herrschaft des späten Priestertums und die des beginnenden Rabbinismus charakterisiert. Aber die

---

[69] Ebd. a.a.O. S. 54
[70] Aus der Rede Jüdische Religiosität:
Das ist die Absicht der Umkehr-Lehre, daß jeder selbeigen aus seiner Tiefe und Finsternis nach göttlicher Freiheit und Unbedingtheit ringe: kein Mittler kann ihm helfen, kein Getanes ihm seine Tat erleichtern, da eben an der durchbrechenden Kraft seines Ansturms alles gelegen ist [...]. Es ist keine Übersteigerung dieser Grundanschauung der jüdischen Religiosität, sondern nur ihr stärkster Ausdruck, wenn gesagt wird, über den Menschen, der sich selbst reinigt und heiligt, ergieße sich der Heilige Geist.
a.a.O., S. 66 f.

Einheitstendenz läßt sich nicht niederziehen. Der Kampf zwischen dem Schema und der Sehnsucht wogt unaufhörlich[71] [72] [73]

Zu den Verbindungslinien zwischen Buber und Celan, die ich hier herausstellen möchte, gehört ebenso der bei beiden betonte Gedanke, daß *Jüdisches und Menschliches* in grundständiger Entsprechung zueinander zu verstehen seien:

---

[71] Aus der Rede: Die Erneuerung des Judentums. Ebd. a.a.O., S. 34

[72] Ebd. S. 38 heißt es im selben Aufsatz:
[...] der Kampf um die Tatidee ließ nicht nach; in ewig neuen Formen füllte er die Jahrtausende; er war dialektisch und innig, öffentlich und verborgen; [...] und so spielte und brannte er um den gekrönten Leichnam des Gesetzes herum, bis wieder eine große Bewegung kam, die ins Innerste der Wahrheit griff und des Volkes Innerstes bewegte: der Chassidismus. Man kann den ursprünglichen Chassidismus – der mit dem heutigen fast so wenig gemein hat wie das Urchristentum mit der Kirche – nur dann verstehen, wenn man dessen inne wird, daß er eine Erneuerung der Tatidee ist. [...] jede Handlung, die [...] in der Intention auf das Göttliche geschieht, ist der Weg zum Herzen der Welt. [...] Darum ist für den Chassidismus der letzte Zweck der Menschen dieser: selbst ein Gesetz, eine Thora zu werden, [...] es aus der Starrheit der Formel ins flutend Unmittelbare zu wandeln.

[73] Sehr eindringlich hat Buber dieses Bild des Chassidismus eingebunden in das Vorwort zu seinem Buch Das verborgene Licht:
Im Urlicht, das der Heilige, gelobt sei ER, im Anbeginn der Schöpfung schuf, schaute der Mensch von Ende zu Ende der Welt. Als aber der Heilige, gelobt sei ER, auf das Geschlecht der Flut und auf das Geschlecht der Völkerspaltung blickte und sah, daß ihr Tun verdorben war, verbarg er es vor ihnen. Für wen barg er es? Für die künftigen Gerechten. Die Chassidim fragten: Wo barg er es? Man antwortete: In der Thora. Fragten sie: Werden also die Gerechten etwas von dem verborgenen Licht finden, wenn sie Thora lernen? Man antwortete: Sie werden es finden. Fragten sie: Was machen sie aber mit dem Licht, das sie in der Thora finden? Man antwortete: Sie holen es heraus durch ihr Leben.
Zit. nach Martin Buber, Bilanz seines Denkens, a.a.O. (wie o. Anm. 53), S. 16

Und so meinen und wollen unserer Seele tiefstes Menschentum und unserer Seele tiefstes Judentum dasselbe.[74]

Bei Celan finden sich diese Gedanken mehrfach. So kann er z.B. in seinem MANDORLA-Gedicht (GW 1, NR, Teil II, S. 244) „Judenlocke" und „Menschenlocke" einander zuordnen, oder in HÜTTENFENSTER (GW 1, NR, Teil IV, S. 278) von „Menschen-und-Juden" sprechen.

Ein weiteres starkes Verbindungsmoment liegt in der Vorstellung einer *„Existenz auf schmalem Grat"*. Buber umschreibt es so:

> […] daß ich nicht auf der breiten Hochebene eines Systems weile, das eine Reihe sicherer Aussagen über das Absolute umfaßt, sondern auf einer engen Felsklamm zwischen Abgründen stehe, wo es keinerlei Sicherheit eines aussagbaren Wissens gibt, aber die Gewißheit der Begegnung mit dem verhüllt Bleibenden.[75]

Ein eng verwandtes Denken und Empfinden läßt sich bei Celan auf allen Werk- und Lebensebenen bis ins sprachliche Detail hinein nachweisen. – Er war, gewiß, im Sinne dogmatisch ausgerichteter Zugehörigkeit kein gläubiger Jude. Diese Tatsache darf aber nicht zu dem Fehlschluß verleiten, er sei eindeutig auf eine a-religiöse oder nihilistisch-atheistische Position festzulegen. Vielmehr ist es für Celan geradezu ein Merkmal seiner Persönlichkeitsprägung, daß es ihm in seiner Lebenssituation unmöglich war, sich in existentiellen Fragen auf den Anspruch einer alternativelosen Wahrheitsposi-

---

[74] Aus der Rede: Die Erneuerung des Judentums, a.a.O. (wie Anm. 60), S. 44
[75] Martin Buber, Das Problem des Menschen, Heidelberg, L. Schneider, [5]1982, (zuerst: Zürich, Manesse 1953), S. 132. Nachweis in: Martin Buber, Gottesfinsternis, Gerlingen, L. Schneider, [2]1994 (zuerst Zürich, Manesse 1953), S. 155

tion einzulassen. G. *Baumann* berichtet, I. Weissglas, der Jugendfreund Celans, habe bezeugt, „daß Celan in Dingen des Glaubens, des Geistes, der Dichtung, eine tiefe Abneigung gegen alles Beweisbare hegte; jeder Beweis bedeutete für ihn das Eingeständnis eines Zweifels an der Wahrheit."[76]

Ein bewegendes Zeugnis dafür – unter vielen – bietet ein Text der NIEMANDSROSE, in dem er die geistig-geistliche Intimität eines Zwiegesprächs mit der Freundin Nelly *Sachs* zu einem Gedicht werden läßt. Es nimmt Bezug auf eine vorausgegangene noch nahezu unpersönlich-unverbindliche Formulierung einer Gesprächssituation zwischen ihnen beiden, die in den Satz mündete: „Man weiß ja nicht, was gilt" (so Nelly Sachs). Im Gedicht dann präzisiert er ihren Satz:

> Wir wissen ja nicht, weißt du,
> wir
> wissen ja nicht,
> was
> gilt   (GW 1, NR, Teil I, S. 214)

Das zweimalige „Wir" anstelle des „man" steht ein sowohl für die jeweilige Position – Gegenposition wie auch für das beide gleichwohl Verbindende. – Damit entspricht Celan seinem eigenen vehementen Genauigkeitsanspruch; er hält die Entscheidung zwischen der tief im Glauben lebenden Freundin und der eigenen „lästerlichen" Position offen – ich erinnere an Celans Notiz vom 26. Mai 1960, in der er auf die Glaubensbekundung der Freundin hin antwortet: „[…], ich hoffe, bis zuletzt lästern zu können"; diese Notiz, im Briefwechsel mit Nelly Sachs belegt (S. 41), geht unmittelbar der Entstehung des Gedichts ZÜRICH, ZUM STORCHEN voraus, das am

---

[76] Vgl. G. Baumann, wie o. Anm. 39, a.a.O. S. 23

30. Mai entstand. Eine solche „Lästerlichkeit" ist nun ohne die Voraussetzung eines Gegenübers, das gelästert werden kann, schwerlich zu denken. Man muß den Text, dessen Gestus so verhalten ist und doch vor Intensität vibriert, als Ganzes auf sich wirken lassen.

ZÜRICH, ZUM STORCHEN
Für Nelly Sachs
Vom Zuviel war die Rede, vom
Zuwenig. Von Du
und Aber-Du, von
der Trübung durch Helles, von
Jüdischem, von
deinem Gott.
Da-
von.
Am Tag einer Himmelfahrt, das
Münster stand drüben, es kam
mit einigem Gold übers Wasser.

Von deinem Gott war die Rede, ich sprach
gegen ihn, ich
ließ das Herz, das ich hatte,
hoffen:
auf
sein höchstes, umröcheltes, sein
haderndes Wort –

Dein Aug sah mir zu, sah hinweg,
dein Mund
sprach sich dem Aug zu, ich hörte:

Wir
wissen ja nicht, weißt du,
wir

wissen ja nicht,
was
gilt.   (GW 1, NR, Teil I, S. 214)

Es gibt zahllose Beispiele für diese „Existenz" Celans „auf dem Grat", die – nicht etwa aus Unschlüssigkeit oder gar Entscheidungsschwäche – divergierende Möglichkeiten zuläßt, sondern die mit nachgerade Kant'scher Trennungsschärfe dem Gegensätzlich-Widersprüchlichen oder gänzlich Offenen, Unbestimmbaren standzuhalten sucht; sei es in der Erkenntnis des Nicht-wissen-Könnens oder in der Not dessen, der sich gleicherweise von Leere und Fülle geblendet sieht.

Für die Entstehungszeit der NIEMANDSROSE jedenfalls muß angenommen werden, daß Paul Celan nicht auf eine nihilistische Grundhaltung, auf nur noch verzweifelte Negativität festzulegen ist[77], sondern daß sein Werk vielmehr den wesentlichen Schaffensimpuls gerade aus der Hochspannung zwischen äußersten entgegengesetzten Denk-Möglichkeiten erhält, einem Ausharren auf der messerscharfen Trennlinie zwischen dem Alles oder Nichts, zwischen Sinnfindung und Verzweiflung.

Bezeichnend in diesem Zusammenhang ist Celans Eigenart, Wörter, Begriffe und Bilder in die Zuspitzung, zum Umschlagen in entgegengesetzte Bedeutungsbereiche zu treiben. Die Beispiele dafür sind durchgehend und zahllos. Zu den deutlichsten und bewegendsten Ausprägungen dieses poetischen Verfahrens gehören Texte

---

[77] So etwa legt es noch der einschlägige Artikel zu Celan nahe in: Kindler, Neues Literaturlexikon, Hrsg. Walter Jens. München, Kindler 1989, S. 777: „Die *Niemandsrose* ist insgesamt geprägt von der Figur der Negation. Im Schreiben entwickelt Celan eine Philosophie des Nichts […]". Da hier das „Nichts" noch nicht in Zusammenhang mit jüdisch-mystischer Tradition (Buber, Scholem) gebracht wird, liegen derartige Mißverständnisse nahe.

wie „Hinausgekrönt", „Mandorla", „Psalm" und unser Titelgedicht, um nur einige wenige Beispiele zu nennen. In all diesen Texten kann das „Nichts" ein Begriff sein für reine Fülle, kann das diesem Nichts „entgegenstehende Aug" die Geste des dunkelsten Widerstandes wie die des verzweifelt – aber unaufhebbar – hoffenden Erwartens haben, kann „Niemand" das unnennbare Eigentliche sein, verweisen Gebet und Lästerung aufeinander; zu beiden aber gehört die Schärfe von Messern, die ein Schweigen füllt:

> Ihr gebet-, ihr lästerungs-, ihr
> gebetscharfen Messer
> meines
> Schweigens.   (GW 1, NR, Teil II, S. 237)

Bis in die Briefprosa hinein reicht diese Denkbewegung. Ein Beispiel für viele:

> Bitter, ja, so sind diese Gedichte, [der NIEMANDSROSE] aber im (wirklich) Bittern ist schon das Nicht-mehr- und Mehr-als Bittre – nicht wahr?

heißt es in einem Brief an G. Bermann-Fischer vom 4.12.1962.[78] In diesem Zusammenhang ist auch die ursprüngliche Konzeption der NIEMANDSROSE zu sehen: Sie war auf Bipolarität und dialektischen Umschlag hin angelegt. Der Kommentar belegt, daß es in den ersten Entwürfen Überschriften zu den einzelnen Teilen des Zyklus gegeben hat, die wie Schalen einer Waage zwischen entgegengesetzten Möglichkeiten wechseln und doch aufeinander bezogen bleiben.

---

[78] Vgl. Paul Celan, Briefe an Gottfried und Brigitte Bermann-Fischer, in: Gottfried Bermann-Fischer, Brigitte Bermann-Fischer: Briefwechsel mit Autoren, hrsg. von Reiner Stach unter redaktioneller Mitarbeit von Karin Schlapp, Frankfurt a.M., 1990, S. 615–793, hier S. 632 f.

In der Druckfassung aufgegeben wurde das lange verfolgte Vorhaben Celans, die ersten drei Abteilungen mit graphisch angeordneten Zeitadverbien zu überschreiben. Sie waren in der Büchner-Preisrede exemplifiziert worden und spielen eine wichtige Rolle für die Bestimmung der Gedichte:

I	Immer		noch
	Schon	nicht	mehr

II	Schon	nicht	mehr
	Immer		noch

III   Immer[79]

Dieser Zug des Gratwandlerisch–Grenzgängerischen führt geradewegs auf den Text zu, der die letzte Stufe dieses Exkurses bilden soll: *Bubers* GOG UND MAGOG mit dem Untertitel: Eine chassidische Chronik[80]. – Es stellt vielleicht am eindrucksvollsten die beiden Hauptrichtungen des Chassidismus dar, die, zwar historisch begründet und belegt, in Folgezeiten doch je und je aktualisierbar waren und die Bubers Denken immer wieder stimuliert haben. Für Buber selbst stellt dies Buch ein *Herzstück* seines Werkes dar[81]. Von der

---

[79] Vgl. Kommentar, a.a.O., S. 19. Diese kontrastiven Formulierungen klingen an in Franz Rosenzweigs Kennzeichnung des „prophetischen Zug[s] der hebräischen Sprache: „Dies schon oder noch, dies nicht mehr, dies noch nicht, das sind die großen Unruhen in der Uhr der Weltgeschichte. Das ist die Sprache der Propheten, für die die Zukunft nicht irgendwo ist, sondern das, was noch im Werden ist und die daher auch für die Vergangenheit nicht die nötige Ruhe aufbringen, um einfach zu sehen: sie war". In: Franz Rosenzweig: Zweistromland. Kleine Schriften zu Glaube und Denken, S. 720. Vgl. zu diesem Gedankenkomplex auch: Lydia Koelle, a.a.O. S. 119 ff.
[80] Martin Buber: Gog und Magog. Eine chassidische Chronik. Gerlingen, L. Schneider ⁴1993, in dt. Sprache zuerst ebd. 1949; davor in hebräischer Erstausgabe 1943; das Mskr. wurde 1941 abgeschlossen.
[81] Ebd. a.a.O. S. 415 (Editorisches Nachwort v. L. Stiehm)

Kritik ist es hoch gelobt worden[82]. Die Celan-Forschung hat es bisher noch nicht in den Blick genommen, obwohl – wie zu zeigen sein wird – viel vom Geist der besprochenen Buber-Reden bzw. des Bergmann-Aufsatzes in ihm lebt und weitergeführt wird; darum dürfte es für Celans Dichtung aufschlußreich sein. – Celan besaß es – nach Auskunft des Marbacher Literatur-Archivs in zweifacher Form: in der französischen Übersetzung und in der deutschen Fassung[83]. Zum Bestand der Bibliothek Celans gehörte es seit 1958, wie man einer Geschenk-Widmung entnehmen kann.

---

[82] Vgl. M. Buber: Bilanz seines Denkens, a.a.O., in: Walter Kaufmann: Bubers Fehlschläge und sein Triumph, S. 36: „Die *„Erzählungen der Chassidim"* und *„Gog und Magog"* sind die Schöpfungen Bubers, die den bleibendsten Wert haben. Sie sind Meisterwerke religiöser Literatur"; oder: Maurice Friedman: Begegnung auf dem schmalen Grat. Martin Buber – ein Leben, wie oben Anm. 56, a.a.O. S. 339: Er verweist auf Karl Kerény; diesem zufolge steht *Gog und Magog* auf dem Gipfel epischer Prosa neben solchen Meisterwerken wie Thomas Manns *Der Erwählte* und Pär Lagerquists *Barrabas*. Bubers große Leistung in seiner chassidischen Romanchronik sei „die Evokation [der] in der ganzen epischen Weltliteratur in solcher Glut und Ausschließlichkeit der religiösen Kräfteentfaltung sonst nirgends erscheinenden Kämpfer im Geiste. [...] Seine ‚Chronik' erhebt sich über Zeit- und Volksbedingtheit, wie jedes Werk, das ‚klassisch' ist.' – Rivka Schatz-Uffenheimer, eine Schülerin Scholems, die sich ausführlich und kritisch mit Bubers Auffassung des Chassidismus auseinandersetzt (Titel des Aufsatzes: „Die Stellung des Menschen zu Gott und Welt in Bubers Darstellung des Chassidismus", in: Martin Buber, hrsg. v. Paul Arthur Schilpp u. Maurice Friedman, Kohlhammer, Stuttgart 1963, in der Buchreihe Philosophen des 20. Jhs., S. 275 ff.), kommt hinsichtlich der Roman-Chronik zu dem Ergebnis: „[...] jedes Gespräch in 'Gog und Magog' ist ein Lebensabschnitt in der geistigen Welt des Chassidismus, frei von jeder Banalität und Sentimentalität, ausgefeilt und beziehungsreich. Man muß dieses Buch mehrmals gelesen haben, um es wirklich zu verstehen. Hier kündet uns Buber, wie der Mensch dastehen soll vor der Welt und vor Gott." (ebd. S. 301). Bubers Entgegnung auf diesen Aufsatz ebd., S. 589 ff.: „Antwort".

[83] Nach Auskunft von Herrn Dr. Nicolai Riedel, Deutsches Literaturarchiv Marbach, (Brief vom 20.09.2000) trägt das deutsche Exemplar (Heidelberg, L. Schneider 1949, d.h. in der frühestmöglichen deutschen Version) keine sichtbaren Lesespuren. Dr. Riedel: „Vermutlich hat Celan die französische

„Nostra res agitur" bekennt Buber gegenüber Franz Rosenzweig in einem Brief vom 18. Januar 1923, von seinem „Gog" geradezu „bedrängt"[84]. 1941, nach Abschluß des Manuskripts, schreibt er dann an Leonard Ragaz:

> Ich habe mir in dieser Erzählung etwas Innerlichstes und nicht anders als so Sagbares vom Herzen geschrieben (ebd., S. 415)[85]

Das Poetisch-Atmosphärische dieser „Chronik", die dunkel-glühende religiöse Intensität dieser ost-jüdisch-chassidischen Welt, wie sie hier anschaulich wird, die geheimniserfüllte „Transparenz des Sichtbaren für das Unsichtbare"[86] können nur in der unmittelbaren Aufnahme des Ganzen erfahren werden – ich muß mich hier auf die Züge des Buches beschränken, die direkt für die Deutung des Titelgedichts herangezogen werden sollen.

So schreibt Buber selbst über den „realen" Kern der Geschichte im Nachwort zur deutschen Ausgabe:

> Nun aber geriet ich an einen gewaltigen Komplex von Geschichten, die inhaltlich zusammenhingen; sie bildeten geradezu einen großen Zyklus, wenn sie auch offenkundig von zwei verschiedenen, einander entgegengesetzten Traditionen und Tendenzen aus erzählt waren. [...] Sie waren vielfach in legendärer Perspektive betrachtet, aber ihr realer Kern war unverkennbar. Es haben wirklich einige Zaddikim versucht, durch theur-

---

Übersetzung von Jean Loewenson-Lavi gelesen. In diesem Band findet sich die Notiz „Janvier 1959". Sichtbare Lesespuren gibt es auch hier nicht, aber der Zustand des Buches deutet auf eine starke Benutzung hin."
[84] Vgl. Gog und Magog, a.a.O., S. 429 f.
[85] Ebd. S. 415
[86] Ebd., Umschlagklappentext

gische Handlungen (die sogenannte praktische Kabbala) Napoléon zu dem ezechielischen „Gog des Landes Magog" zu machen, auf dessen Kriege, wie einige eschatologischen Texte verkündigen, das Kommen des Messias folgen soll, und andere Zaddikim haben diesen Versuchen die Mahnung entgegengestellt, nicht durch äußere Gebärden, sondern allein durch die Umkehr des ganzen Menschen sei der Anbruch der Erlösung zu bereiten. [...] In dem Kampf ging es zunächst um die Frage, ob es erlaubt sei, die oberen Mächte zu bedrängen, daß sie wirken, was wir ersehen, sodann aber um die, ob die Erfüllung durch magische Prozeduren oder durch die innere Wandlung anzubahnen sei; und die Fragen waren nicht ein Gegenstand der Erörterung, sondern eine Sache von Leben und Tod. [...] Ich mußte versuchen, von beiden Seiten zum Kern des Geschehens vorzudringen. Das konnte naturgemäß nur gelingen, wenn ich mich nicht in den Dienst einer der beiden Tendenzen begab. Der einzige zulässige Standort war der der Tragödie, wo zwei einander gegenüberleben, jeder so wie er eben ist, und der wahre Gegensatz ist nicht der des „guten" und des „bösen" Willens, sondern der grausame Gegensatz der Existenz. Gewiß, ich war für „Pžysha" und gegen „Lublin" [...]["] Aber diese schwere Aufgabe [„]wurde durch einen seltsamen Sachverhalt erleichtert: wer sich in die Überlieferung von Lublin vertieft, wird merken, daß sie sich heimlich vor dem Widersacher, dem „heiligen Juden", beugt.[87]

Was Buber hier abstrahierend beschreibt, stellt sich in der Welt des Buches als funkelnd-lebendiger, bildreicher Erzählvorgang dar, facettenreich gebrochen und in einer sich steigernden Dramatik ent-

---

[87] Ebd. S. 404 ff.

faltet: Das Ringen zwischen dem älteren, bereits etablierten Rabbi und Zaddik, dem „Seher von Lublin", wie er von Schülern umringt ist, die ihm ehrfurchtsvoll zugetan sind, – und dem jüngeren, zu Beginn der Handlung in diesem Kreis noch unbekannten, neu hinzukommenden „Jehudi", später der „Heilige Jude" genannt, der zunächst selber als Schüler zum „Seher" kommt, sich aber bereits bei der ersten Begegnung von diesem abgrenzt und bald eine eigene Schule gründet. Beide tragen denselben Namen: Jakob Jitzchak (von Lublin) und Jakob Jitzchak (von Pžysha). Und just die zentrale Frage ihrer beider Auseinandersetzung: Ob das Kommen des Messias und die Erlösung der Welt durch magische Einwirkung auf die „oberen Welten" herbeigeführt werden könne oder nur durch die innere Wandlung des Menschen[88], verknüpft dies Buch Martin Bubers mit dem zur Deutung anstehenden Text der NIEMANDSROSE, wie zu zeigen sein wird.

---

[88] Ebd. S. 405

III Die ‚andere' Perspektive

> *„Ihr gebet-, ihr lästerungsscharfen, ihr*
> *gebetsscharfen Messer*
> *meines*
> *Schweigens"*

Kein Auslegungsversuch zu diesem Text kann umhin, die Frage nach dem „who is who" zu stellen. – Da ist dieser zunächst so unbestimmbar erscheinende „EINE",

> [...] DER VOR DER TÜR STAND, eines
> Abends   (GW 1, NR, Teil II, S. 242)

Da ist der lyrische Sprecher in der ersten Person des Personalpronomens; (sein Bezug zum Autor wird noch zu erörtern sein). – Da ist die historische Gestalt des „Rabbi Löw", und da ist schließlich ein Jemand oder Etwas, zu dem der „EINE" hin-„trottet", der „Kielkropf" also mit all seinen Appositionen bis hin zu dem „schilpenden Menschlein".

Versuchen wir noch einmal, dem Text, wie er uns führt, zu folgen: Wer steht vor der Tür? Welcher Tür? Welchen Hauses? An was für einem Abend?

Die Unbestimmtheit des Indefinitpronomens „EINEM" bleibt so unbestimmt denn doch nicht, wie es zunächst den Anschein haben mag: Er „stand vor der Tür" – eine Wortfügung, die im Deutschen auch im übertragenen Sinn verstanden werden kann als „anstehen", „hereinstehen" (bezogen auf Weihnachten z.B.); man geht auf etwas zu, etwas kommt auf einen zu. – War der „EINE" also ohnehin erwartet? Eingeladen? Oder kam er von sich aus auf den „Hausbewohner" zu – eines (gewissen) Abends? – Vielleicht sind diese Fragen zunächst gar nicht so entscheidend für das Verständnis des Folgenden; wohl aber dies: Da nun völlig unvermittelt dies Äußerste geschieht, daß ein Ich, das offenbar im „Haus" zu denken ist, demjenigen draußen vor der Tür Stehenden „sein Wort auftat", erscheint es evident, daß zwischen diesem lyrischen Sprecher und dem „Einen" eine Beziehung walten muß, die ein solches Verhalten äußerster Vertrauensbereitschaft erlaubt, ja nahelegt. Auf dieses Faktum komme ich später noch zurück.

Um welche Tür also geht es? Welchen Hauses?

Es gehört zu Celans Eigenheiten, daß oftmals in seinen Texten Vorgenanntes, noch Unerkennbares sich erst im weiteren Verlauf des Gedichtes erschließen läßt, – ein gewissermaßen „reflexives" Verfahren also[89]. So läßt sich denn auch das „Haus", von dem hier – indirekt – die Rede ist, erst vom Schluß des Textes her als ein Haus verstehen, in dem das Pessach-Fest gefeiert wird, denn es hat – als Zeichen für dieses Fest – eine offenstehende „Abendtür", die Tür also, die am Abend des Feiertages offensteht, damit der Vorbote des Messias, Elia, sie zum Empfang geöffnet fände, wenn er denn erschiene:

Wirf auch die Abendtür zu, Rabbi.

Erst von diesem späteren Satz her erweist sich damit die Notwendigkeit des eigenartigen Zeilenbruches am Anfang:

---

[89] Theo Buck in seiner einläßlichen und aufschließenden Betrachtung der ENGFÜHRUNG belegt die Unabdingbarkeit des rückschließenden Verfahrens bei der Deutung dieses Textes: „»Engführung« als Weiterung", in: Celan-Studien I, Aachen, Rimbaud 1993, S. 154; in anderem Zusammenhang ähnlich: Roland Reuß: „Rembrandts Celan. Paul Celans Gedicht ‚EINKANTER: Rembrandt'", in: Celan-Jahrbuch 3 (1989), Hrsg. von Hans-Michael Speier, Heidelberg, Winter 1990, S. 87 f.

> [...], eines
> Abends:

Es handelt sich also nicht um irgendeinen beliebigen Abend, sondern um den außer-gewöhnlichen, jüdisches Leben kennzeichnenden Feier-Abend. Der lyrische Sprecher befindet sich demnach in einem „Haus", in dem der Seder-Abend stattfindet, – und damit wird dies Haus ein imaginärer geistig–geistlicher Umraum, – ein „Haus", in dem man geistig „wohnt", das einen umgibt, in das man gehört, das Haus als Lebensumraum eines Juden also.

Daß Celan derartige „Haus"-Bilder vertraut waren, daß sie zum Grundbestand seiner Bildersprache gehörten, zeigt ein Beispiel wie „Hüttenfenster" aus dem IV. Teil der NIEMANDSROSE, in dem „Wort" und „Haus" wiederum zum imaginären geistigen Umraum verbunden werden:

> Beth, das ist
> das Haus, wo der Tisch steht mit
> dem Licht und dem Licht.
> (GW 1, NR, Teil IV, S. 239)

Bei M. *Buber* findet sich – im Zusammenhang mit Gedanken zur vergleichenden Religionswissenschaft – die Vorstellung vom Haus als Umraum des Religiösen:

> Die Religionen sind Gehäuse, in die der Geist des Menschen geschickt ist, damit er nicht ausbreche und seine Welt zersprenge." Und: „Jede Religion ist ein Haus der nach Gott verlangenden Menschenseele.[90]

---

[90] Martin Buber: Werke III, Schriften zum Chassidismus, in: Werke, 3 Bände, München/Heidelberg, Kösel/Schneider 1962; ebd. S. 951–958

In diesem erweiterten Sinn wohl sollte das im Gedicht vorzustellende „Haus" verstanden sein und darf weder auf das jüdische „Lehrhaus" eingeengt[91] noch einseitig nur auf Celans „Dichtung" bezogen werden,[92] nur weil das Wort „Wort" zu Beginn erscheint. – Vielleicht ließe sich sogar eine noch grundständigere Auffassung vertreten: Mircea *Eliade* weist in seinem Buch „Das Heilige und das Profane" von 1957[93] auf die traditionelle Homologie *Haus – Kosmos – Körper* hin, zusammen mit der ihr zugeordneten Offenheit für das Numinose. Nur mit derartig archaisch-geweiteten Vorstellungen wird es möglich, dem weitrahmigen Vorgang des lyrischen Textes die ihm angemessene Offenheit als Ausgangssituation für alles weitere zu belassen.

Läßt man gelten, daß sich mit dem lyrischen Sprecher (dessen Nicht-Identität mit dem Autor gewiß zunächst vorauszusetzen ist) *auch* Züge dieses Autors verbinden können, so dürfte es in diesem Zusammenhang nicht belanglos sein, daß Celan selbst den zweiten Vornamen „Pessach" trägt und somit in mindestens zweifacher Hinsicht mit vertreten ist: Als Name und als Repräsentant seiner Herkunft, als Jude.

Dieser so gekennzeichnete lyrische Sprecher tut nun, wie gesagt, unvermittelt und wie selbstverständlich etwas Äußerstes:

> ihm
> tat ich mein Wort auf–: […]

Was könnte er mehr tun?! Das *Wort*, geheiligt im Judentum als Fundament seines Glaubens, geheiligt aber auch im Selbstverständ-

---

[91] Wie z.B. bei Peter Mayer, s. Anm. 9
[92] Wie z.B. bei P.H. Neumann, wie Anm. 10 oder O. Pöggeler, wie Anm. 7
[93] Mircea Eliade: Das Heilige und das Profane. Vom Wesen des Religiösen, Hamburg, Rowohlt 1957, S. 101 ff.

nis des Dichters (und damit wäre wiederum ein Bezug auf den Autor selbst nahgelegt) meint ein Innerstes, das hier „aufgetan", ein Herz, das mit diesem Wort preisgegeben wird. – „Wort" und „Herz" gehören (neben „Aug" und „Nacht") zu den am häufigsten vorkommenden Wörtern in Celans Sprachgefüge.[94] Und es gibt dabei Verknüpfungen, die „Wort" und „Herz" einander so zuordnen, daß sie fast zum Synonym verschmelzen; man denke nur an die Fügung aus NIEDRIGWASSER (SPRACHGITTER, GW 1, Teil V, S. 193), die dort sogar ein zweites Mal als Selbstzitat, erscheint:

Niemand schnitt uns das Wort von der Herzwand.

In derartigen Gedankenbildern wird das Wort gleichsam zum Innersten des Inneren; für eine derartige Auffassung ließen sich die Beispiele häufen und müssen hier nicht belegt werden. Um ein „Wort", ein Sprechen also geht es, das einem Vertrauenswürdigen etwas von existentieller Bedeutung und Tiefe eröffnet, – anders wäre die Unvermitteltheit des Gedichtanfangs nicht erklärlich.[95]

Was aber geschieht? – In der stummen, gleichwohl bis zum Bersten mit Spannung angefüllten Beredtheit des Gedankenstrichs – auch dies einer der „glühenden Leertexte", von denen Celan selber sprechen kann,[96] – dieses Gedankenstrichs vor dem Doppelpunkt, der das Folgende einleitet:

---

[94] Vgl. P.H. Neumann, wie Anm. 9 in Kap. „Wortaufschüttung und Wortzerfall", passim

[95] A. Schönes Formulierung: „Jemandem sein Wort auftun, das meint, wörtlich genommen, zunächst wohl so viel wie: jemandem verständlich machen, was man mit seinen Worten meint, und sich ihm so im Mittel der Sprache eröffnen" (wie o. Anm. 8, a.a.O. S. 27) greift hier wohl zu kurz, wird den lapidaren Setzungen des Anfangs nicht gerecht.

[96] In: DIE POSAUNENSTELLE, aus: ZEITGEHÖFT, Teil II (G.W. 3, S. 104), wenn auch dort in anderem Zusammenhang. Vgl. dazu auch: Friedrich Strack, in seinem Aufsatz: Wortlose Zeichen in Celans Lyrik, in: Paul Celan. »Atemwende.«

> ihm
> tat ich mein Wort auf – : [...]

wandelt sich vertrauensvollste Erwartung in bitterste Enttäuschung. Denn ganz offensichtlich geschieht hier nicht, was ersehnt gewesen war: Zuwendung aufgrund des „aufgetanen Wortes", sondern Abwendung:

> [...] – : zum
> Kielkropf sah ich ihn trotten, [...]

Abwendung also zu etwas hin, das durch die Anfangsstellung in der Zeile seines Erscheinens den Hauptakzent erhält, und zwar unter rücksichtsloser Trennung von präpositionaler Zuordnung und Zielwort. In der lakonisch-knappen Sprache des Textes nimmt sich diese Bewegungsbezeichnung des „Trottens" gewichtig aus, will in der ihr eigenen Ausdrucksspannung gewogen sein: Nicht nur, daß hier überhaupt eine „Abwendung" stattfindet, sondern diese geschieht in einer Weise, daß dem diesen Vorgang Mitteilenden nur ein abschätziger, bitter abwertender Ausdruck bleibt: Hier begibt sich jemand – offenbar unerwartet – in schläfrig schwerfälligem Gang auf gewohnt-gewöhnliche, eingefahrene Geleise (so wenigstens legt es z.B. das Grimmsche Wörterbuch nahe. – Man kennt die Redewendung, etwas bewege sich „im alten

---

Materialien. Hrsg. von Gerhard Buhr und Roland Reuß, Würzburg, Königshausen, Neumann, 1991, S. 167 ff.; s. auch dort die einschlägigen Verweise auf die Arbeiten von Peter Michelsen, G. Buhr, P.H. Neumann u.a. – So heißt es z.B. bei Strack S. 180: „Gedankenstriche treiben Keile ins Sprachlose vor, und Doppelpunkte werden zur Barriere, an der die Worte sich fangen, um das Unbeschriebene von allem sprachlichen Unrat freizuhalten. Zwischenräume und weißes Papier, der „glühende Leertext" (G.W. 3, 104) gewinnt strukturellen Ausdruckswert".

Trott".)⁹⁷ Bezeichnenderweise hat Celan von der 2. Fassung an das Wort „gehen" durch „trotten" ersetzt und durch alle weiteren Fassungen beibehalten.

Wohin? Zu etwas hin, das offenbar innerhalb dieser Gedankenwelt schon immer gegenwärtig gewesen, vom lyrischen Sprecher aber als Adressat des vorher Angesprochenen nicht gemeint gewesen war: „zum / Kielkropf." – Seltsam befremdliches Wort im so knappen Kontext. – Alles, was die Wörterbücher hergeben, ist in den vorliegenden Analysen gesagt worden.⁹⁸

Warum aber bedient sich Celan, dieser Wort, Buchstaben und selbst Satzzeichen derart auslotende Dichter, eines solch abgelegenen, sprachlich ungängigen Wortes? Paul Celan ist nicht geschmäcklerisch, er setzt seine Worte mit der unfehlbaren Genauigkeit des

---

[97] Vgl. Deutsches Wörterbuch von Jacob und Wilhelm Grimm, Bd. 11, Abt. 1, Teil 2, München 1984, Sp. 1073: „Trott" erhält den Beisinn „einer mechanisch unangespannten, schläfrigen bewegung", [...] einer „gedankenlosen oder auch gemächlichen fortbewegung"; Sp. 1074: „einen unter dem zwang der gewohnheit stehenden ablauf, und, stärker noch, eine energielose oder gedankenfaule art zu leben und zu handeln". – Celan war ein eifriger Benutzer des Grimmschen Wörterbuchs.

[98] Vgl. A, Schöne, a.a.O. (wie Anm. 8), S. 28 f.: „Solche Kielkröpfe (vom Teufel untergeschobene Wechselbälge) sind nicht etwa jüdischer Herkunft, sondern stammen aus dem germanisch-keltischen Volksaberglauben" (Schöne verweist hier auf den Artikel ›Wechselbalg‹ im Handwörterbuch des Aberglaubens, Bd. 9, Berlin 1938/1941, Nachtrag Sp. 835–864) „Aber auch von diesen mißgestalteten kleinen Monstern heißt es, daß sie beispielsweise aus einem »Lehmklumpen« geformt wurden, der »durch Beschwörungen lebendig gemacht werden kann« – was in vergleichbarer Weise für Rabbi Löws Golem gilt". Weiterhin wird die Sprach-Unfähigkeit und „Halbschürigkeit" belegt: "Das ungebräuchlich gewordene Wort ›halbschürig‹ bezeichnete ursprünglich die zweimal jährlich geschorene, daher noch kurzhaarige Schafwolle und deshalb, im übertragenen Sinn, etwas Unvollkommenes, Unerwachsenes" (nach: Deutsches Wörterbuch von Jacob und Wilhelm Grimm, Bd. 10, Sp. 213)

erfahrenen und geübten Messerwerfers. Das Befremdliche des Wortes „Kielkropf" liegt ja nicht nur in seiner Ungebräuchlichkeit, sondern vielmehr darin, daß hier ein Wort gewählt wurde, das sich deutlich von seinem rein jüdischen Bezugsumfeld abhebt, und zwar durch seine Herkunft aus dem „heidnisch"-germanisch-keltischen Bereich. Dieser Umstand läßt vermuten, daß der Verwendung dieses abgelegenen Wortes eine Signalwirkung zukommen soll. Nun gibt es in der Tat eine zunächst überraschende Beziehungsmöglichkeit, die aber bei näherem Zusehen durchaus einleuchtend erscheint. Wenn also dieser „Kielkropf" vermutlich nicht um seiner Apartheit willen an die Spitze eines Gedichtabschnitts gesetzt wurde, so legt es sich nahe, in dieser Wortwahl eine untergründige – zwar durch Substantivierung halb verhüllte, aber doch deutliche – Anspielung auf Goethes „Faust II" zu erkennen, in dem dies Wort – adjektivisch verwendet – dem Mephistopheles in den Mund gelegt wird: [99]

> Mit [...]
> Kielkröpfigen Zwergen steh ich gleich zu Diensten;

Mißgestaltete, Teufeln und Hexen entstammende, nur halbfertige Kreaturen könnte Mephisto dem gegenüber, was Faust sich eigentlich wünscht, zwar leicht beschaffen, aber hinter dem Erwünschten – den antikischen Idealgestalten Paris und Helena – würden sie weit zurückbleiben. Faust muß erst hinabsteigen zu den „Müttern", ins „Unbetretene, nicht zu Betretende", ans „Unerbetene, nicht zu Erbittende" sich wenden, um sein Ziel zu erreichen: Nicht um „Halbschüriges" geht es ihm, sondern um die Inbilder der Vollkommenheit. – Celan aber nimmt mit der Wahl dieses Wortes nicht ‚irgendeinen' Bezug zu Goethe „Faust" auf, sondern er trifft genau diejenige Stelle, die die Faustdichtung und die Löw-Sage mit-

---

[99] J.W. von Goethe, Faust II, Kaiserliche Pfalz, V. 6199 ff., in: Johann Wolfgang Goethe. Faust. Texte. Hrsg. von Albrecht Schöne, Deutsche Klassiker Verlag Frankfurt am Main, 4. Aufl. 1999, S. 254 ff.

einander verbindet: der „Kielkropf" ist der deutsche „Golem" und tritt neben den hebräischen „Bruder", ja er steht sogar an der Spitze all dieser Gestalten, die durch Unfertigkeit, Gewalttätigkeit, Sprachohnmacht und Gottlosigkeit gekennzeichnet sind: tellurische Adamsnachkommen, bei Jude wie bei Menschen überhaupt.

Was aber bedeutet diese Feststellung für die Textdeutung? Der Goethe-Bezug erweist sich *dann* als nicht willkürlich oder austauschbar, wenn man dessen Umfeld mit berücksichtigt: Das gezielt gesetzte, so auffallend ungewöhnliche Wort leitet von „Faust" über Goethe zur Hochburg deutscher klassischer Kultur: Weimar. Aber ebensowenig wie Celan selbst kann der Zeit-Zeuge des 20. Jahrhunderts daran vorbeisehen, daß dieses Weimar in engster Nachbarschaft zu einem anderen Ort gelegen ist, mit dem sich ganz andere Bilder verbinden lassen müssen: Buchenwald. Und wenn Celan diesen Bezug aufnimmt, bewegt er sich damit in einem Denkvorgang, der bereits vorgegeben war. Schon vor ihm, d.h. in diesem Zusammenhang vor 1962, hatte ein anderer, ihm sehr Nahestehender, den Gleichklang von Bukowina – Buchenland und Buchenwald bei Weimar in einem Gedicht verarbeitet: Alfred *Margul-Sperber*:

Auf den Namen eines Vernichtungslagers
Daß es bei Weimar liegt, vergaß ich lang.
Ich weiß nur: man hat Menschen dort verbrannt.
Für mich hat dieser Ort besonderen Klang,
Denn meine Heimat heißt: das Buchenland.

Entrücktes Leben, unvergeßner Tag:
Der Buchenwald – ich weiß es noch genau,
Wie ich als Bub in seiner Lichtung lag,
Und eine weiße Wolke schwamm im Blau …

O Schmach der Zeit, die meinen Traum zerstört!
Erinnern, so verhext in ihrem Bann,

Daß, wenn mein Ohr jetzt diesen Namen hört,
Ich nicht mehr an die Kindheit denken kann,

Weil sich ein Alpdruck in mein Träumen schleicht,
ein Schreckgedanke, jeden Sinnes bar:
Ob jene weiße Wolke dort vielleicht
Nicht auch der Rauch verbrannter Menschen war?[100]

---

[100] Alfred Margul-Sperber, in: Geheimnis und Verzicht. Das lyrische Werk in Auswahl, Bukarest 1975, S. 519. – Sehr einläßlich wird dieser Text so analytisch-kritisch wie respektvoll betrachtet bei Theo Buck, a.a.O. S. 63 ff. (wie o. Anm. 89)
Überdies dürfte es in diesem Zusammenhang nicht unerheblich sein, daß das andere, auf den „Kielkropf" wie den „Golem" zutreffende Wort „halbschürig" – ebenso ungebräuchlich und selten wie der „Kielkropf" – ebenfalls einen Bezug auf Goethe zuließe: es wird verwendet in Goethes „Wanderjahren" – ein Zufall, daß Celan sich seiner bedient? (Wilhelm Meisters Wanderjahre, 2. Buch. Betrachtung im Sinne der Wanderer, Hamburger Ausgabe, Goethes Werke in 14 Bänden, hrsg. von Erich Trunz, München, 5. Aufl. 1993, Bd. 8, S. 290) – Außerdem bezieht sich Celan mit dieser Anspielung auf ein Verfahren, das er bereits in der „Todesfuge" angewendet hat, wenn er „Sulamith" und „Margarete" strophisch einander verbindet und zugleich in dieser Engführung auf das Schärfste kontrastiert – zwei Frauennamen, gewiß nicht von ungefähr, sondern beide repräsentativ für größte Bezugsbereiche: die eine erfüllt mit Reminiszenzen auf den Brautnamen des Alten Testaments, – die andere die vielleicht bewegendste Liebende des deutschesten aller deutschen Monumentalwerke. (Sie wird hier freilich auch – in der Verbindung zu den ‚Heimatbriefen' des Lagerkommandanten an seine Frau – zugleich zum Klischee herabgewürdigt.) – Der Lakonismus der harten Fügung und Kontrastierung beider Namen und ihrer Epitheta spricht für sich und läßt jeden Kommentar verstummen:
    dein goldenes Haar Margarete
    dein aschenes Haar Sulamith   (G.W. 3, S. 64)
Zu diesem frühesten Zeugnis einer Gedankenverbindung zwischen deutscher klassischer Kultur (Goethe, Faust) und Nazi-Terror (KZ-Lager), – die Entstehung der TODESFUGE ist vermutlich bereits für 1944 anzusetzen – (vgl. Felstiner, a.a.O., S. 53 ff.) – tritt 1956 noch ein solcher Bezug express is

Wenn nun im Folgetext unseres Gedichtes derjenige, der da zu diesem „Kielkropf" (der auch für so vieles andere exemplarisch ist, wie noch zu zeigen sein wird) hin-„trottet", wenig später als „Rabbi Löw" apostrophiert wird, so darf dieser nicht nur als Repräsentant und Autorität des alten Judentums angesehen werden, sondern auch als „Golem"-Erschaffer und -Bändiger. Über den gesamten „Kielkropf"-Abschnitt legt sich mit dieser Namensnennung zugleich eine Vorstellung golemhaften Daseins: Von den Zeiten Adams an, für den die Bibel diesen Ausdruck setzt[101], bis hin zum Geschöpf des „Hohen Rabbi Löw aus Prag", das in seiner „Halbschürigkeit" verhängnisvolle Züge annehmen konnte, und darüberhinaus zu allem, was durch die Generationen der Menschen hindurch sich als ungeformt-grobschlächtig, brutal, verderbenbringend, zerstörerisch, mörderisch – eben nur halb- oder unmenschlich, weil noch nicht vom göttlichen Geist berührt, dargestellt hat.

Zu den Büchern, die Celan den Chassidismus näherbrachten, gehörten, wie erwähnt, auch die bis dahin erschienenen Schriften Gershom *Scholems,* darunter mit Sicherheit das 1951 veröffentlichte Buch „Die jüdische Mystik in ihren Hauptströmungen" und „Zur Kabbala und ihrer Symbolik" von 1960. In letzterem findet sich ein Aufsatz *Scholems* zur „Vorstellung vom Golem in ihren tellurischen und magischen Beziehungen"[102]. *Scholem* rekurriert hier auf die literarischen Ausprägungen dieser Gestalt, insbesondere bei Meyrink, aber auch in den legendären Formen, wie sie vor allem in den

---

verbis: In der deutschen Übersetzung aus der französischen Vorlage des Kommentars von Jean Cayrol zu den A. Resnais-Film „Nacht und Nebel"; der das Grauen des KZ-Lagers Buchenwald dokumentiert, übernimmt Celan wörtlich den Satz: „[...], die Goethe-Eiche in Buchenwald. Man baut das KZ, man respektiert die Eiche" (– nämlich in dem man sie zur Schonung in Halbrund mit einer niederen Steinmauer umgibt!), Vgl. G.W. IV, S. 87)

[101] Vgl. G. Scholem, Zur Kabbala und ihrer Symbolik, a.a.O. S. 209 ff. (wie Anm. 17)

[102] Ebd. S. 212

Erzählungen der Chassidim eine variantenreiche Rolle spielen, – um anschließend die wahren Wurzeln dieser legendären Golem-Gestalt des 17. Jahrhunderts zutage zu fördern, soweit sie mythologisch und überlieferungsgeschichtlich und im Rahmen der jüdischen und kabbalistischen Quellen ermittelt werden können. Es würde den Rahmen unserer Ausführungen sprengen, wenn man auch nur ansatzweise versuchen wollte, einen Umriß der komplizierten Verhältnisse zwischen den diversen Positionen der jüdischen Überlieferung zu zeichnen, wie Scholem sie dargestellt hat. Soviel aber darf als belegt gelten:

> Adam wird in einem gewissen Stadium seiner Entstehung als Golem bezeichnet. Golem ist ein hebräisches Wort, das in der Bibel nur an einer Stelle, im Psalm 139, V. 16 vorkommt. [...] Golem heißt hier wohl, und sicher in den späteren Quellen, das Ungestaltete, Formlose. [...] Der von dem Anhauch Gottes noch nicht betroffene Adam wird in diesem Sinne als Golem bezeichnet.[103]

Wenig später heißt es dann:

> Tellurisches und Pneumatisches wirken also zusammen in Adam und seinen Nachkommen.[104]

Wie genau sich Celan hier mit dem „Kielkropf"-Abschnitt seines Gedichts auf die von Scholem dargestellten Zusammenhänge einläßt, liegt auf der Hand.

Die Funktion dieses Textblocks ist jedoch damit noch nicht hinreichend beschrieben. Denn in eigentümlicher Weise verbindet sich

---
[103] Ebd. S. 212 f.
[104] Ebd. S. 217

nun – über ein bestimmtes Textsignal (s.u.) – dies Golemhafte auch noch mit der Schreckensgestalt des biblischen „Gog aus Magog", der, von Gott selbst eingesetzt (und wieder vernichtet wie der Golem des Rabbi Löw) zur Bestrafung seines abtrünnigen Volkes dessen Welt mit Krieg überzieht; wie es denn heißt in Hesekiel, Kap. 38, Vers 9, in Luthers Übersetzung:

> Du wirst heraufziehen und daherkommen mit großem Ungestüm; und wirst sein wie eine Wolke, das Land zu bedecken, du und all dein Heer und das große Volk mit dir.

Das biblische Lexikon der „Bibel in Wort und Bild" von 1980 im Andreas-Verlag herausgegeben, führt zum Stichwort „Gog" erläuternd aus:

> GOG Fürst von Rosch, Meschech und Tubal, von dem Ezechiel vorhergesagt, daß er an der Spitze barbarischer Horden in Juda eindringen wird (Ez 38,1–7). Er wird das Werkzeug göttlicher Gerechtigkeit sein, bis Gott sich gegen ihn selbst wendet (Ez 38, 17–23; 39). Dieser heidnische Krieger symbolisiert alle Feinde des auserwählten Volkes, genauso wie das Land Magog, über das er herrscht, Symbol der fremden Länder ist, die gegen das Königreich Juda kämpfen. In der Offenbarung des Johannes sind Gog und Magog die Heere der Fürsten dieser Welt, die von Satan, dem Fürsten des Bösen, verführt werden und im endzeitlichen Krieg gegen die Gerechten kämpfen (Offb 20,8).

Es bleibt hervorzuheben, daß es sich bei dem Buberschen Romantitel „Gog und Magog" um eine additive Konjunktion („der Herrscher und sein Reich") handelt und darin nicht etwa das gegensätzliche Verhältnis der beiden Protagonisten im Roman, des

„Sehers von Lublin" und des „Heiligen Juden", zu sehen ist. Die Schreckensgestalt des biblischen Gog wird über das Textsignal „Kriegsknecht" beschworen:

> dem im kotigen Stiefel des Kriegsknechts geborenen Bruders,

der ja dem „Kielkropf" innerhalb seiner Assoziationsreihe zugeordnet ist.

A. *Schöne* und einige andere Deuter des Textes haben die z.B. noch im Kommentar zur NIEMANDSROSE bei P.H. *Neumann* vertretene Auffassung korrigiert, es sei die präpositionale Einleitung der soeben zitierten Zeile als lokaler Bezug zu verstehen. Die befremdlich anmutende Formulierung einer Geburt „im" Stiefel, – also wörtlich innerhalb dessen – wird sofort plausibel, wenn man die Wendung redensartlich versteht: Von Geburt an bereits ausgerüstet mit Kriegsknechtsstiefeln, mit solchen Stiefeln an den Füßen geboren. In einer bestürzenden Parallelstelle zu diesem Bildgebrauch heißt es in der deutschen Fassung Wolf Biermanns zu Jizchak *Katzenelson*: „Großer Gesang vom ausgerotteten jüdischen Volk", in dem es um den Aufstand der Juden im Warschauer Ghetto geht:

> Weh über uns! Wie Jidden können auch, wir können, ach!
> Wir können widerstehn und töten auch! Wir auch!
> Auch wir
> Wir können aber etwas, was ihr Deutschen nie
> Und nimmer fertig bringt auf dieser Erd:
> Den Nächsten leben lassen. Ihr? Ihr schlachtet hin
> ein Volk
> Das wehrlos seine Blicke hoch zum Himmel schickt!
> Ach ihr
> Das könnt ihr eben nicht: Nicht morden.

Denn ihr kommt
Schon aus dem Mutterleibe mit dem Schwert.[105]

Derartigen Bildern zugeordnet erscheinen dann alle Golem- und Gog-Gestalten, alle „Halbschürigen", die die Menschheit seit Adam hervorgebracht hat, von Kain an über alle Bibel-und-Welt-durchziehenden Totschläger-Kriegsknechte (und -herren!) bis auf den heutigen Tag und alle kommenden danach. Läßt sich der Leser auf solche Assoziationsketten ein, weitet sich der Zeit-Raum des Gedichts ins Ungeheure und Unabsehbare, entgrenzt sich in Vergangenheit und virtuelle Zukunft, indem der Autor in gleichsam picassohaft-sparsamstem Umriß und noch verhüllter Anspielung den Bogen schlägt vom Anbeginn der Zeiten über Goethes Weimar – zu Buchenwald, von den „Kriegsknechten", die Jesus kreuzigten bis hin zu den Erfüllungsgehilfen für die nicht faßbaren Greuel des 20. Jahrhunderts.

Damit aber entspricht er einer Denkweise, die in chassidischer Tradition ihr Vorbild hat; denn die Chassidim noch des 19. Jahrhunderts konnten z.B. eine Wiederverkörperung des biblischen Gog in der Gestalt Napoléons sehen. Und damit wird es möglich, eine solche Übertragung in Bezug auf alle Schreckengestalten dieser Erde gelten zu lassen. M. *Buber* hat in seinem „Gog und Magog" einen solchen Vorgang ausführlich dargestellt.[106]

Alle diese Gestalten sind dem vom *Wort* in seiner tiefsten Bedeutung geprägten, von Gott gemeinten Ebenbildlich-Menschlichen so fern wie das sprach-ohnmächtige „schilpende Menschlein", das

---

[105] Jizchak Katzenelson, Dos lied vunem ojsgehargetn jidischen volk / Großer Gesang vom ausgerotteten jüdischen Volk, übersetzt und herausgegeben von Wolf Biermann, Köln, Kiepenheuer & Witsch 1994, ⁵1996, S. 147

[106] Martin Buber, Gog und Magog, wie o. Anm. 80

„halbschürige", der „Kielkropf" eben, der in seiner Beschaffenheit wiederum an die mephistophelischen Geschöpfe erinnert.

So legt Celan in diesem ersten längeren Block vor der Mitte des Gedichts in großangelegter Engführung zwei gewaltige Themenbereiche übereinander. Im Hintergrund wird sichtbar der mythische Ur-Adam in seiner tellurischen Gestalt, der Golem als ein Halbfertiger, vom Anhauch seines Schöpfers noch nicht zu seiner Bedeutung erweckter Mensch, – und daneben erscheint die andere große Bibelgestalt, Gog aus dem Lande Magog, der in seiner zerstörerischen Gewalt ein bedrohlich gewordener, übermächtiger „Golem" ist, der aber gleichwohl auch begriffen werden muß als Werkzeug des Göttlichen, wie es das Alte Testament berichtet.[107]

Aufschlußreich für die Deutung unseres Textes ist also in diesem Zusammenhang nicht nur der Legenden-Golem des Rabbi Löw, sondern dieser spiegelt darüber hinaus den Schöpfungsmythos mit der Erschaffung des tellurischen Adams wider, und daneben erscheint der Gog als ein Golem Gottes, wie das Geschöpf Rabbi Löws herbeizitiert und wieder vernichtet durch Gott selbst.

Der dem Gedicht eigene Lakonismus äußerster Knappheit läßt in dieser sparsamen Umrißzeichnung riesige Durchblicke sich öffnen, deren Fluchten der Leser in freigesetzter und doch gerichteter Assoziation füllen muß: Ein gewaltiges Menschheitspanorama wird da entrollt, das den Raum des Mythos wie der Geschichte in Vergangenheit, Gegenwart und Zukunft umfaßt, ausgespannt von Norden – der Richtung, aus der Gog erscheint, aber auch alle ‚heidnischen', nordisch-mythologischen „Kielkröpfe" – bis Süden, Judentum und Christentum umfassend: das Ganze ein Bild des Menschen in seiner grundständigen Gefährdung durch seine Ab-

---

[107] Hesekiel, Kap. 38 und 39

wendung vom Göttlichen und die daraus resultierende verhängnisvolle Geschichte seines Daseins.

Wie aber läßt sich nun diese visionäre Schau und alles, was bisher unter so vielen gewaltigen negativen Vorzeichen verbunden wurde, mit dem dann unvermittelt gesetzten Wort „*Bruder*" in Verbindung bringen? Und wie läßt sich in diesem Zusammenhang das

> blutige
> Gottes-
> gemächt

verstehen? Warum läßt der Autor seinen lyrischen Sprecher an dieser Stelle bei der Namensnennung des Angeredeten „*knirschen*"? – ein Wort, ebenso ausdrucksstark im sparsamen Kontext wie etwa das „trotten", „beschneiden", „werfen" und „reißen"?

Folgen wir zur Beantwortung dieses Fragenkomplexes auch hier wieder dem von Celan selbst eingeschlagenen Weg, auf Seitenpfaden ans Ziel zu gelangen, bzw. das Frühere erst durch das Spätere aufzuschließen.

„Knirschen" trägt nach allgemeinem Sprachgebrauch den Ausdruck ohnmächtigen Zorns, tiefster Enttäuschung und Empörung, die die Sprache lähmt:

> Rabbi, knirschte ich; Rabbi
> Löw:

Und damit tritt endlich die Identität des zunächst so unbestimmbar scheinenden „Einen", der „vor der Tür" stand, deutlich zutage: Er, Löw, war es von Anfang an, dieser Repräsentant des alten rabbinisch-kabbalistisch gelehrten Judentums der Tradition, in der der Sprecher seiner Herkunft nach „zu Hause" war, auch der

Golem-Erschaffer und -beschwörer, der nun – der Doppelpunkt nach seinem Namen deutet darauf hin – seinerseits ‚beschworen' wird, von seinem „Trott" abzulassen, nicht mehr mit magischen Riten und Formelgesten oder kabbalistischen Praktiken das Böse in der Welt „da draußen" bannen zu wollen, sondern sich dem zu widmen, dem es offenbar um eine ganz andere Zuwendung geht:

Diesem *das Wort abschneiden!*
beschneide das Wort.

Der Rabbi wird also nicht erst an dieser Stelle „herbeigeknirscht", wie in fast allen Deutungen zu lesen ist, sondern diese Äußerungsform ist bereits eine Reaktion auf das Fehlverhalten des von Anfang an gegenwärtigen Vertreters der alten, traditionsgebundenen rabbinisch-kabbalistischen Gelehrsamkeit; denn anders wären die durch die Interpunktion gesetzten Spannungsverhältnisse des Textes ebensowenig plausibel wie das nachfolgende „Knirschen": Dieser Rabbi wird zum Umkehren bewogen und wird gleichzeitig beschworen, dem Umkehrbereiten, Heilsuchenden beizustehen.[108]

Damit wird evident, daß es hier durchaus um den Kontrast zum „blutigen/ Gottes-/ gemächt" geht, von dem vor der Gedichtmitte die Rede war im Sinne eines nur äußerlichen Zeichens. – Die Nachdrücklichkeit, mit der bei einigen Interpreten die Bedeutung dieser Stelle als das im Judentum so bedeutungsvolle körperliche Ritual beiseitegeschoben, ja ausgeschlossen wird (vgl. z.B. Schöne, S. 30f.), ist mir unverständlich. Denn nur in der Kontrastspannung

---

[108] In diesem Zusammenhang scheint etwas auf von dem Wandel, der Erneuerung des alten Judentums durch die Bewegung des Chassidismus, wie sie von Buber aufgefaßt worden ist und wie Scholem sie beschreibt, wenn er die Entwicklung vom „Rabbi" zum „Zaddik" analysiert (sowohl in: Die jüdische Mystik in ihren Hauptströmungen von 1957 als auch im Kap. III, „Zaddik, der Gerechte" aus Von der mystischen Gestalt der Gottheit von 1962)

zwischen dem äußerlichen und innerlichen Vorgang erschließt sich das Gedicht. – Man vergegenwärtige sich noch einmal die in der Bibel vorgegebenen Anschauungen, wie sie, machtvoll, bei Moses und Jeremia erscheinen:
Es ist bezeichnend für den Geist des Alten Testaments, daß kurz nach der Einsetzung des Beschneidungsgebots, wie es für Abraham zum Zeichen des ewigen Bundes mit Gott erlassen wurde (1. Mose 17, 10–11), sehr früh (bereits in 3. Mose 26, 41 und 5. Mose 10, 16) offenbar als notwendig erkannt wurde, die Bedeutung dieses Vorgangs auch im übertragenen Sinn zu verstehen, so daß dem körperlichen ein seelischer gleich- bzw. entgegengesetzt wird. Es ist die Rede von den „beschnittenen und unbeschnittenen *Herzen*". Das „beschnittene Herz" erst macht die Zuordnung des Menschen auf Gott hin gültig und fruchtbar. Dies gilt auch für die rituell „Abgesicherten".

Daß im biblischen Verständnis selbst ein für den Bund mit Gott Gezeichneter, ein Beschnittener also, den „Heiden" brüderlich gleichgesetzt werden konnte, dann nämlich, wenn dieser Vorgang für ihn nur ein äußerliches Zeichen blieb, wird deutlich z.B. an Jeremia, Kap. 9, V. 24/25:

Siehe, es kommt die Zeit, spricht der Herr, daß er heimsuchen wird alle, die Beschnittenen und die Unbeschnittenen.
[...] Denn alle Heiden haben unbeschnittene Vorhaut, aber das ganze Israel hat ein unbeschnittenes Herz.

Hier wird also die ‚Unbeschnittenheit des Herzens' gleichgesetzt mit ‚Unbeschnittenheit' überhaupt im Sinne einer Nichtgültigkeit des Bundes mit Gott.

Eine Gleichsetzung von „blutigem Gottesgemächt" und „blutiger Kreuzigung" oder „Judenvernichtung" (Schöne, S. 31) ließe sich allenfalls auf dem Umweg verstehen, daß diejenigen, die ohne Verinnerlichung ihres Bezuges zu Gott leben, solcher Taten fähig, als deren Verursacher zu denken wären.

> Darum will ich auch ihnen entgegenwandeln und will sie in ihrer Feinde Land wegtreiben, da wird sich ja ihr unbeschnittenes Herz demütigen lassen, und dann werden sie sich die Strafe ihrer Missetaten gefallen lassen (3. Mose 26, 41); oder:
> So beschneidet nun eure Herzen und seid fürder nicht halsstarrig

oder:
> Und der Herr, dein Gott, wird dein Herz beschneiden und das Herz deiner Nachkommen, daß du den Herren, deinen Gott, liebst von ganzem Herzen und von ganzer Seele, auf daß du leben mögest (3. Mose 30,6) und ebd. V. 14:
> Denn es ist das Wort gar nahe bei dir in deinem Munde und in deinem Herzen, daß du es tust (d.i.: Gottes Gebot)

Bei Jeremia heißt es dann zum „neuen Bund" (V. 33):

> [...] Ich will mein Gesetz in ihr Herz geben und in ihren Sinn schreiben (Celan sagt: „ins Gemüt schreiben").

Bei Jeremia 4,4:

> Beschneidet euch dem Herren und tut weg die Vorhaut eures Herzens.

Die Ausweitung des Begriffes „Gottes-/ gemächt" [wie z.B. bei Mayer, Reichert, Schöne auf übertragene Bedeutungen (wie z.B. S. 18)] unterstellt ja, daß die attributive Fügung „der mit dem / blutigen Gottes-/ gemächt" zu lesen wäre als ein „(zusammen) mit". Dies ist vom Text her ebensowenig belegt wie die Auffassung, das „Wort" des Anfangs werde (dem Ankömmling) „auf" (die Stirn) „getan" (Schöne S. 25). Keine der früheren Fassungen legt ein solches „zusammen mit" nahe; der Zusatz „blutig" (von der 2. Fassung an) läßt nicht zu, das „schilpende Menschlein" nur als Apposition zu „Gemächt" im erweiterten, übertragenen Sinn zu verstehen, denn warum sollte die Sprachlosigkeit bzw. -unfähigkeit „blutig" genannt werden? Die letzte Zeile kann vielmehr nur als letzte Apposition zu „Kielkropf" innerhalb der ganzen Reihe gelesen werden.

Wenn nun die Annahme zutrifft, daß sich, mit dem „Kielkropf" an der Spitze, alles Golem- und Goghafte der Menschheitsgeschichte dennoch unter dem Schirmwort adamitischer Gemeinsamkeit („Bruder") zusammenführen läßt und mit den „Frommen" verbindet, so wird damit die Bedeutung der physischen Beschneidung gleichzeitig erweitert und – relativiert: Alle diese „Kielkröpfe", ob beschnitten oder nicht, sind gleichwohl Gott zugeordnet, tragen alle das Zeichen des Bundes. Und dabei sind die „mit dem blutigen/ Gottes-/ gemächt", also auch die im engeren Sinne beschnittenen Juden, keineswegs von der „Kielkröpfigkeit", dem Golemhaften, Unfertig-Menschlichen ausgenommen.

Die Unbestimmtheitsrelation des „Bruder"-Begriffes, diese Offenheit des Textes also, läßt sich im Gedichtvorgang darum nicht nur zwischen „Rabbi" und „Kielkropf" – Golem – Gog – Halbschürigkeit" herstellen, sondern durchaus auch zwischen diesem negativ gekennzeichneten Teil und dem lyrischen Sprecher; – allerdings sind sowohl der Rabbi wie der lyrische Sprecher „Brüder" des Golem nur im Sinne ihrer ursprünglichen adamitischen „Verwandtschaft".

Kehren wir jedoch vorerst noch einmal zu der Verszeile zurück, die allein das Wort „Löw" trägt. Sie muß in ihrer Sonderstellung –

durch Wortisolierung und genaue Mittelposition – 15. Zeile von 29 – als besonders bedeutungsschwer gewürdigt werden. Strukturbezogen ließe sie sich als eine Art „Querachse" des ganzen Gedichtes verstehen, die zwei größere Textblöcke von einander trennt, bzw. miteinander verbindet; von den 29 Zeilen des Gedichtes stehen 14 vor und 14 nach dieser Mitte, zählt man die Punktlinien mit, die, wenn auch ohne sprachliche Artikulation, dennoch offenbar volles Gewicht haben, soweit es die endgültige Gedichtfassung betrifft.[109]

Zum „Drehpunkt" des Textes wird so ein Wort, das semantisch in seiner „Mehrständigkeit" erfaßt sein will – und es darf hier erinnert werden an Celans eigene, sein poetisches Verfahren kennzeichnende Worte (zu deren Herkunft vgl. Felstiner, a.a.O. S. 299, A. 15):

[...] was meine angeblichen Verschlüsselungen anlangt, ich würde eher sagen: Mehrdeutigkeiten ohne Maske [...]. Ich trachte sprachlich wenigstens Ausschnitte aus der Spektral-Analyse der Dinge wiederzugeben, sie gleichzeitig in *mehreren* Aspekten und Durchdringungen mit anderen Dingen zu zeigen. [...], meine angebliche Abstraktheit und wirkliche Mehrdeutigkeit [halte ich] für Momente des Realismus.

Oder, wie es in Celans FADENSONNEN heißt (GW 2, S. 198):

KLEIDE DIE WORTHÖHLEN aus
mit Pantherhäuten,
erweitere sie, fellhin und fellher,
sinnhin und sinnher,

---

[109] Erst die letztgültige Fassung setzt sowohl die 2. Punktreihe wie auch die letzte Zeile der gedruckten Form. Paul Celan, Die Niemandsrose. Vorstufen – Textgenese – Endfassung, wie o. Anm. 28, S. 65.

gib ihnen Vorhöfe, Kammern, Klappen
und Wildnisse, parietal,
und lausch ihrem zweiten
und jeweils zweiten und zweiten
Ton.

Geht man von der Phonetik des Wortes „Löw" aus, ergibt sich die Assoziation „Löwe" und damit eine Verbindung zum Vater des Autors, dessen Name „Leo" war.[110] Mit der Setzung und Betonung dieses Wortes als Einzelzeile verschmelzen also im doppelten und gleichzeitigen Bezug eine historische Gestalt des orthodoxen Judentums und eine unmittelbar für Celans Lebensgegenwart aktuelle, und beide stehen ein für alles, was traditionelles Judentum in seiner strengen, verbindlichen Form umfaßt, die Form, der sich der ganz junge Celan – damals noch im Hause seiner Eltern – eher zu entziehen suchte.

Ein anderer Assoziationsbereich zum Worte „Löw" ergibt sich aus seiner Übersetzung aus dem Hebräischen: dann nämlich trägt es die Bedeutung „Herz".[111] Und damit wird die Funktion der „Achse" erst plausibel; die isolierte, genau mittige Stellung läßt das Herz zum „Zünglein an der Waage" werden: Die „Brüderlichkeit", die zwischen den Textteilen vor und nach der Mitte waltet, ist begründet in der diesen beiden Teilen gemeinsamen Wurzel „Adam", aus der sie alle kommen, Beschnittene und Unbeschnittene, die „Halbschürigen" wie die „Frommen", die sich nach dem Göttlichen ausstrecken, sich von ihm rufen lassen. Das Herz aber ist es, das zwischen dem tellurischen und pneumatischen Adam wägend entscheidet.

---

[110] Auf diese Vielschichtigkeit verweisen bereits einige Forschungsbeiträge, darunter K. Reichert und J. Felstiner
[111] Vgl. K. Reichert a.a.O. S. 165

– Und damit nehme ich die bereits oben gestellte Frage wieder auf: Warum sollte, – wenn denn der lyrische Sprecher mit dem Tun des Rabbi als einverstanden gedacht werden müßte – wie dies fast alle bisherigen Interpreten nahelegen – an dieser Stelle „geknirscht" werden?

Sinnvoll und verständlich wird dieser Vorgang – und damit komme ich zum Kernpunkt meiner Argumentation – erst dann, wenn man die durch viermalige Setzung so stark betonte Deixis des Demonstrativpronomens „Diesem" auf den so Sprechenden selbst rückbezogen sein läßt (also: „diesem hier" und nicht „jenem dort"!). Das Knirschen als Ausdruck geballten Zorns, ohnmächtiger Mißbilligung und Empörung gilt also nicht, wie bisher immer angenommen, den „Halbschürigen", sondern dem Fehlverhalten des Rabbis, der sich da offenbar gegen den Willen des Sprechers und unerwarteterweise in die falsche Richtung begeben hat. Und die imperativisch akzentuierten Forderungen des folgenden Versgruppen-Blocks nach der „Achse": „beschneide", „schreib", „spreize" ordnen sich der Dringlichkeit des viermaligen Selbstbezugs, dieses vehementen ostinaten Schlagens an die eigene Brust, derart zu, daß dieses fast schwerwiegender erscheint als die einzelnen Forderungen selbst.

– In dem oben erwähnten Buch M. *Bubers*, „Gog und Magog", findet sich als Dreh- und Angelpunkt des Ganzen eine Situation, die genauestens dieser Denkbewegung des Gedichtes entspricht:[112] Der neu hinzugekommene „Jehudi", der sich gleich zu Beginn der Handlung an den Gesprächen beteiligt, die im Hause des „Sehers von Lublin" über den als Inkarnation des biblischen Gog gedeuteten Napoléon geführt werden, wagt es, dem mit seinen Schülern über

---

[112] Sie war Buber so wichtig, daß er sie mehrfach auch an anderer Stelle wiederholte: z.B. im Nachwort zur deutschen Ausgabe seiner „Chronik" und im Vorwort zu „Bilder von Gut und Böse", Köln und Olten, J. Hegner 1952

magisch-kabbalistische Praktiken, über rituelle Beschwörung des Bösen, über ein solcherart mögliches Einwirken auf die „oberen Mächte" entgegenzuhalten:

>»Rabbi«, sagte er mit fast versagender Stimme, »was ist es mit diesem Gog? Es kann ihn doch da draußen nur geben, weil es ihn da drinnen gibt.« Er zeigte auf seine eigene Brust. »Die Finsternis, aus der er geschöpft ist, braucht nirgendwo anders hergenommen zu werden, als aus unsern trägen tückischen Herzen. Unser Verrat an Gott hat den Gog so groß gepäppelt.«[113]

Umkehr also ist die geheime Botschaft des ganzen Buches. Um sie ging es in *Bergmanns* Aufsatz ebenso wie in den Reden *Bubers*, so also auch in seiner „Chronik"; und dieser Gedanke ist es, der den „Seher" schließlich bezwingt im Erzählvorgang des Romans, und dies ist es auch, was Celan anspricht, wenn er sich zu seinen „pneumatischen"[114] Gedanken äußert.[115]

Es ist klar geworden, worauf sich der Zorn, das Knirschen des lyrischen Sprechers richtet: Nicht um eine rituelle, gar magische Bannung des allgemeinen, in der Welt „da draußen" durch menschliche Bosheit, Hybris, Gier und Gewalttätigkeit, durch Gottesleug-

---

[113] M. Buber, Gog und Magog, a.a.O. S. 75 (wie Anm. 80)
[114] Der Begriff des „pneumatischen" Judentums findet sich mehrfach sowohl bei Buber wie Scholem; er wird bei L. Koelle in Bezug auf Celan ausführlich behandelt (vgl. o. Anm. 42, passim, bes. aber im 2. Kap. im Ersten Teil: „Pneumatisches Judentum", S. 61–124)
[115] Leider greift selbst Lydia Koelle hinsichtlich unseres Textes zu kurz, wenn sie – in ganz knapp anmerkender Erwähnung – unser Titelgedicht nur auf den legendären späteren Golem bezieht, bzw. gar nicht erst mit dem naheliegenden Ansatz des tellurisch-pneumatischen Kontrastes arbeitet; das allerdings hätte an der erwähnten Stelle ihres Argumentationszusammenhangs auch nicht nahegelegen (L. Koelle, wie o. Anm. 42, a.a.O., S. 65, Anm. 13).

nung geschehenden Bösen geht es ihm, sondern um eine Klärung, Rettung, Heiligung seines Wortes und Herzens, seines Gemütes und Innersten; wohl ist er sich seiner „Bruderschaft" mit allem Golemhaften bewußt, unterscheidet sich aber dennoch von diesem, und zwar durch das, was in der mystisch-chassidischen Tradition als Einsichtsfähigkeit zur Umkehr, als Ausrichtung auf das GöttlichPneumatische verstanden worden ist.

Damit aber tritt nun neben die bereits angesprochene Deutung des Geschehnis-Abends – als Pessach-Fest mit seiner Abendtür, die da in Erwartung des Messias-Boten Elia offensteht – noch ein anderer, und zwar der höchste jüdische Feier-Abend, in dem sich versinnbildlicht, worum es in diesem immer wieder postulierten Verinnerungs-Prozeß geht, der *Buber* so wesentlich war[116]: Jom *Kippur*, das Versöhnungsfest der Juden, Fest der inneren Einkehr, Umkehr und der Ausrichtung auf die letzten Dinge.[117] Es gibt Äußerungen Celans, die belegen, daß er sich der Daten dieses Festes durchaus bewußt war.[118] Darf man es einen Zufall nennen, wenn die endgültige Fassung unseres Gedichtes just auf den 20. September 1961 fällt, das Datum, an dem Jom Kippur gefeiert wurde?

    Diesem
    beschneide das Wort.

Der Akzent liegt hier offensichtlich auf dem Substantiv „Wort", von dem ganz im Anfang dieser Darlegungen im Sinne des „Innersten"

---

[116] Vgl. o., S. XX ds. Arbeit
[117] S. dazu z.B. S. Ph. de Vries Mzn., Jüdische Riten und Symbole, Wiesbaden, Fourier 1981, ⁵1988, zuerst – Amsterdam 1968 holländisch; oder: Symbole des Judentums, Text von Marc-Alain Ouaknin, Wien, Brandstätter 1995, ²1997, Kap 11, Jom Kippur, S. 70
[118] Vgl. z.B. Felstiner, a.a.O. S. 239, Anm. 30: „Celan war sich der Hohen Feiertage [d.h. Tage von Rosch ha-schana bis Jom Kippur] des Jahres 1961 bewußt […]".

gesprochen wurde. Demnach wäre es eine unzulässige Verengung, wollte man statt des umfassenden existentiellen Aspekts *nur* den dichterischen gelten lassen, wenngleich für Celan diese beiden Bereiche unauflöslich miteinander verbunden sind.

Ob und inwieweit der Hohe Rabbi Löw aus Prag, der ja hier in diesem imaginären mystischen „Dialog" über die Jahrhunderte hinweg angerufen wird, als ein Vertreter der von Buber so angeprangerten Tradition verstanden werden muß, bedürfte gewiß einer gesonderten Untersuchung. Immerhin läßt sich hinter der „mißverstandenen, verschnörkelten, verzerrten religiösen Tradition"[119] etwas von dem magisch-rituellen Gebaren des davontrottenden, auf eingefahrenen Geleisen sich bewegenden Golem-Beschwörers angedeutet finden, das den Rabbi unseres Textes kennzeichnet.

Andererseits darf die hier als Dialogpartner erwählte Gestalt nicht im nur negativen Bezug aufgehen: Wie wäre sonst das Vertrauen des Anfangs (das „aufgetane Wort") und die insistierende, unbeirrte Fortsetzung des Dialogs bis in das Ekstatische des Schlusses hinein, die ja immer noch und wiederum als Geste des tiefsten Vertrauens verstanden werden darf, zu erklären? (Man könnte hier das Verhältnis von Abgrenzung und doch unaufhebbarer Nähe gespiegelt sehen, das zwischen den beiden Protagonisten in Bubers „Gog und Magog" waltet.) – Gerade für dieses Sowohl-als-auch in der Beziehung zum Rabbi Löw, dieses Wagnis grundsätzlicher Einwände, aber auch des Festhaltens an einem existentiellen, offenbar unaufhebbaren Bezug erscheint die Wahl des Rabbi Löw als Dialogpartner in diesem Gedicht geradezu ideal, denn er vereint beides in seiner Person: Dignität und Glanz der unbezweifelbaren Autorität auf dem Hintergrund der Geschichte des Judentums (Buber würdigt ihn in diesem Sinne auch in einem eigenen Aufsatz, der sich auf

---

[119] Vgl. die Ausführungen G. Scholems zu Bubers Auffassung vom Judentum, wie o. Anm. 57

seine historische Bedeutung und Größe bezieht[120]) – und doch steht er auch für etwas, das Buber, z.B. in seinen Reden und andernorts, lebenslang als Irrweg bezeichnet hat: die Veräußerlichung und dogmatische Erstarrtheit ritueller Formelgesten, mit denen die Tradition sich vermaß, mit den „oberen Gewalten" zu konkurrieren oder in deren Wirken einzugreifen. Auch diese Doppelaspekte könnten Buber dazu veranlaßt haben, seinem „Gog und Magog" das Motto voranzustellen:

> Die Kriege Gogs und Magogs
> werden um Gott geführt.

und eben dies Zitat demjenigen in den Mund zu legen, der in Celans Gedicht eine so wesentliche Rolle spielt:

> *Rabbi Löw ben Bezalel von Prag.*

Ging es bei den o.g. Bannungs- und Beschwörungsvorgängen um die materielle Vernichtung von Zetteln im Munde oder von Buchstaben auf der Stirn des „Golems", von Worten, in denen die Begriffe „Wahrheit" oder „Treue" und „Tod" in engster Verbindung standen, so begehrt der lyrische Sprecher unseres Gedichts an dieser Stelle, dem Davontrottenden nachrufend, nunmehr:

> Diesem
> beschneide das Wort

Die Verbindung von „Beschneidung" und „Wort" anstelle des „Gemächtes" stellt eine Kontrastspannung zum Kielkropfabschnitt her: nicht am Äußeren, am Körper, soll das Ritual vollzogen wer-

---

[120] M. Buber, Der Jude und sein Judentum (wie o. Anm 61): „Der Anfang der nationalen Idee", S. 385 ff.

den, sondern am "Inneren", am Wort. Wie aber sollte es möglich sein, jemandem das Wort zu „beschneiden", dessen Wortmächtigkeit gar nicht vorausgesetzt werden kann, wie etwa bei dem „schilpenden Menschlein"! Von daher erscheint es abwegig, das Demonstrativpronomen „diesem", das hier so insistierend eingesetzt wird, auf den Kielkropfabschnitt zurück zu beziehen, wie es in allen bisherigen Deutungen geschehen ist.

Das Wort, das *hier* beschnitten werden soll – in metaphorischer Anknüpfung an den magischen Ritus, der auf die Golem-Stirn gerichtet war, um ihn zu vernichten –, greift weit hinaus über die veräußerlicht-magische Geste der Legende, weist vielmehr zurück auf das „aufgetane Wort" des Anfangs, auf die Öffnung und Bereitschaft der Seele also: Darin will er „beschnitten" werden: im Herzen, zwischen dessen Wänden das Wort wohnt, gemäß dem Propheten Jeremia.[121] Zurechtgerückt, auf Gott hingerichtet also will er werden, Läuterung, Wahrheit und Gottesnähe suchend. Damit ließe sich an dieser Stelle durchaus auch ein Bezug zum legendären Geschehen der Löw-Golem-Situation herstellen: der lyrische Sprecher, der sich der ‚Bruderschaft' mit dem Bereich des Golemhaften in ihm selbst so tief bewußt ist, verlangt nach der Wort-Beschneidung des Golemzeichens an seiner eigenen Stirn, – nicht im Sinne völliger Auslöschung seiner Person, sondern nur dessen, was ihn vom Heilwerden trennt. Dies aber entspräche genauestens der Beschneidung des Herzens, in dessen Umraum das Wort als sein Innerstes wohnt. Das Bild des im Herzen wohnenden „Wortes" bündelt dessen ‚mehrständige' Dimensionen, seien es die religiösen, die existentiellen, seien es die dichterischen Bezüge; alle drei Bereiche sind einander unmittelbar zugeordnet und unlösbar miteinander verbunden. Jede Verabsolutierung eines dieser Aspekte würde zu einer unzulässigen Verengung des gesamten Bedeutungsgefüges führen.

---

[121] Vgl. o. S. XX, Jeremia 4,4 sowie o. S. XX dieser Arbeit

Beides kommt für den lyrischen Sprecher in dieser Wendung zusammen: Das Golemhafte in ihm, der sich durchaus als Bruder des Golems versteht, soll ausgelöscht werden; ins Gemüt soll das „lebendige Nichts"[122] – der mystische Gottesbezug – eingeschrieben sein, und statt des golemvernichtenden „Fluchs", wie es noch in der ersten Fassung des Gedichtes hieß, soll der „heilbringende Spruch", der Segen also, über ihn gesprochen werden.

Der aber, der zu all diesem aufgerufen wird, der Priester-Rabbi, soll die zwei „Krüppelfinger" über ihm „spreizen";[123] damit ist auch der Rabbi gezeichnet als ein Versehrter, nicht etwa Heiliger, sondern als Mensch in seiner wahrheitsgemäßen Verfassung. Es wird demnach hier gebrochen mit der jüdischen Tradition, denn nach ihrem Brauch durfte der Priester keine mißgebildeten Hände haben, wenn er diese zum Segen erhob. Wiederum geht es um Abkehr vom nur Äußerlichen zugunsten innerer Wahrheit. So wie nur „wahre Hände" „wahre Gedichte" schreiben können, wie Celan einmal Hans Bender geschrieben hat (GW 3, S. 177), so dürfte ähnlich für den Priester gelten, daß auch seine äußerlichen Versehrtheiten – wie etwa „Krüppelfinger" als Zeichen wahren gelebten Lebens – zu seiner Wahrheit, der des Lebens wie des Priesters gehören. In diesem

---

[122] Vgl. G. Scholem, Die jüdische Mystik in ihren Hauptströmungen, Frankfurt a.M. o.J. (und Zürich, Rhein-Verlag 1959), S. 12–14 und 227, zuletzt A. Schöne, a.a.O. S. 36: „Celans merkwürdige, in sich selbst widersprüchlich erscheinende Wendung (das lebendige/ Nichts) bündelt, einem Brennspiegel gleich, Vorstellungen der jüdischen Mystik, wie Scholem sie beschrieben hat. Weil das Ganze, Wahre, Göttliche durch alles, was man positiv darüber sagen könnte, beschränkt wird in seiner unendlichen Fülle, erscheint es faßbar nur in einer Art negativer Theologie. Es ist also das ›Nichts‹ (schreibt Scholem) »keine bloße Negation; nur von uns aus entzieht es sich allen Bestimmungen, weil es der intellektuellen Erkenntnis entrückt ist.« Es ist in Wahrheit »ein Nichts voll mystischer Fülle« – ist, »mit anderen Worten, die Gottheit selbst in ihrem verborgensten Aspekt«".
[123] Vgl. dazu Schöne, S. 37

Sinne würde ich P.H. Neumann zustimmen, der „Verkrüppelung" sogar für eine Voraussetzung hält, den „heilbringenden Spruch" gültig sein zu lassen (Neumann a.a.O., S. 176); denn was hülfe es dem Priester, hätte er zwar makellose Hände, aber ein Herz, das seine Richtung nicht kennt.

Diesem.

Die Schlußstellung des Wortes in diesem Block nach der Mitte, die neben der akzentuierenden Isolierung die Großschreibung des Anfangsbuchstabens erzwingt, wie schon in der ersten Zeile des Versblocks, weist noch einmal mit insistierender Vehemenz auf die grundsätzlich geänderte Blickrichtung, die „Drehung" des Textes. Daß der Adressat dieser leidenschaftlichen Forderungen allein schon mit seinem Namen für deren Erfüllung einsteht, erklärt im nachhinein noch einmal die zunächst befremdliche Abtrennung und Sonderstellung des Wortes „Löw" als einzelne Verszeile. Daß es sich in der Tat schon immer – vom Beginn des Textes an – um diesen Rabbi Löw gehandelt hat, der da „vor der Tür" stand, – und man verfolge nur einmal den Text von der Namensnennung „Löw" her Schritt für Schritt zurück zum Anfang – ließe sich damit stützen, daß der „Gerechte" nach Ausweis Scholems auch „Einer" genannt wurde.[124]

---

[124] Bei Scholem heißt es (Von der mystischen Gestalt der Gottheit, a.a.O., wie o. Anm. 58, S. 118 f.): „Es war nur natürlich, daß in einer Bewegung, die eine ganz neue Welt, eine verwandelte Welt der Reintegration alles Wesen, 'Olam ha-Tikkun, ankündigte, nicht mehr der altmodische Rabbi, der talmudische Gelehrte, sondern der Prophet, der Visionär und überhaupt der Mann, dem Gott ans Herz gerührt hat, als das lebendige Herz jener Gruppen angesehen wurde, die die messianische Hoffnung und Verkündigung trugen. Hier mußte notwendigerweise eine neue Art spiritueller Autorität hochkommen, die mit der alten rabbinischen in Konflikt geraten mußte." und ebd.: „Der Chassidismus hat [...] dieses Prinzip des pneumatischen Führertums übernommen, das dem Prinzip des rabbinischen seiner Natur nach entgegengesetzt war."

Man könnte nun fragen, warum denn, wenn schon die Bedeutung des Demonstrativpronomens „diesem" hier als reflexiv ausgerichtet erkannt werden muß, der Bezug nicht eindeutiger gesetzt worden ist – (wie ja denn auch dieser seltsame Zug des rückwärtsgewendeten Demonstrativums immer wieder zu Mißverständnissen in den bisherigen Deutungsversuchen geführt hat) –, nämlich durch die Wahl des ersten Personalpronomens, das in der vierten, fünften und vierzehnten Zeile des Gedichtes noch verwendet wurde:

> tat ich mein Wort auf

Die Fortsetzung nach der Gedichtmitte in der 1. Person hätte jedoch zu einer fatalen „Schieflage" geführt, und zwar im Verhältnis des Versblocks vor der „Achse" mit seinem Panorama verhängnisvoller Menschheitsgeschichte zum Versblock nach dieser Mitte mit seinem Selbstbezug. Denn hier geht es nicht um individuelle Gegebenheiten, um ein Einzelschicksal, sondern um den *Typus* des die Nähe der Wahrheit suchenden, sich seiner Unfertigkeit und Erlösungsbedürftigkeit bewußten Menschen; Bruder zwar des noch unerweckten Golems und zugleich doch sein adamitisches Gegenbild, wenngleich auch immer nur ein werdendes, auf dem Weg sich befindendes. Und so legt sich – wiederum palimpsestisch – über das Sprecher-Ich mit der reflexiven Verwendung der 3. Person des Demonstrativpronomens etwas Typisierend-Allgemeines; anders

---

Und S. 130: „Es gibt eine Säule in der Welt, und welche ist es? Der Gerechte. Denn der Gerechte wird Einer genannt, der Einheit wegen, mit der er sich mit allen Stufen von der Erde bis zum Himmel vereint, [...]. Und weil jeder Gerechte sich mit allen anderen als ein Ganzes denken soll, spricht der Talmud von *einem* Gerechten. Denn obwohl es viele sind, gelten sie doch als einer von seiten der Einheit, die sie bilden. Darum heißt es, daß um eines Gerechten willen die Welt besteht." [...] S. 131: „Der Gerechte ist der Lebendige, derjenige, in dem nichts abgestorben oder veraltet ist, sondern der in immer erneuter *communio* mit dem Quell alles Lebens den Ausgleich und die Harmonie, den wahren Frieden, herstellt."

gesagt: Das Autor-nahe Ich geht im Typus des Wahrheit Suchenden, pneumatisch Ausgerichteten schlechthin auf. So läßt sich an dieser Stelle resümierend sagen, daß man es in diesem Text offenbar nicht, wie immer wieder angenommen wurde, mit der Konstellation von *vier* Figuren zu tun hat, sondern allenfalls mit *dreien*, wenn man denn den „Kielkropf"-Block vor der Mitte des Gedichtes als „Figur" überhaupt gelten lassen will. Da die darin angesprochenen Bilder außerhalb des Dialogs zwischen Rabbi und sprechendem Ich bleiben, halte ich es für angemessener, hier eher von einer vielschichtigen chimärischen Erscheinung zu sprechen, in deren Ausprägungen die „Atmosphäre der tellurischen Krisis" sich abbilden, „das furchtbare Wägen der Kräfte, und die Zeichen einer falschen Messianik hüben und drüben", „eine Weltstunde, in der an die Stelle des langsam scheidenden Lichtes die Finsternis getreten ist".[125] Bei Buber bezieht sich diese so konstatierte ‚Krisis' auf den Beginn des Zweiten Weltkrieges.

Der im imaginären Raum und in weitrahmigen historischen Bezügen sich abspielende lyrische Vorgang läßt hinsichtlich der durch bloße Punkte gefüllten Verszeilen nur Vermutungen zu, und zwar nach beiden Seiten: Was diese wortlose Punktzeile nahelegt, könnte heißen, daß der angesprochene Davontrottende sich dem lyrischen Sprecher wieder zuwendet, vielleicht tatsächlich „wendet", gar dessen Verlangen nachkommt.

Was dieser Deutung aber auch Zweifel beimengt, ist, daß nun, in ekstatisch sich steigender Kühnheit, von ihm erwartet und gefordert wird, was ihn über den Rahmen der jüdischen Feier- und Fest-Tradition hinaustreiben würde:

Wirf auch die Abendtür zu, Rabbi.

---

[125] Vgl. Bubers Nachwort zu „Gog und Magog", a.a.O. S. 407 f. und 409

Das parallelisierende und gleichzeitig additive „auch" verbindet die voraufgegangenen Wünsche nun mit einer Ungeheuerlichkeit: Mit der Ungeduld des gläubigen Ketzers – (man denke zurück an den lästerungsbereiten Celan im Gespräch mit Nelly Sachs) – wird jetzt etwas gefordert, das jeden im traditionellen Sinn frommen Juden schaudern machen müßte. Denn der mit diesem Offenstehen-Lassen der „Abendtür" seit Urzeiten erwartete Vorbote des Messias, – Elia – wird mit dieser Aufforderung nachgerade ausgeschlossen. Suggeriert die erneute Punktzeile vielleicht, daß dem Wunsch entsprochen wurde? Oder signalisiert sie vielmehr das Entsetzen des Angeredeten und damit die gänzliche existentielle Isolation des Sprechers? Denn die letzte Zeile des Gedichts überfliegt nun jede Grenze, die jüdische Glaubensfrömmigkeit setzen müßte:

Reiß die Morgentür auf, Ra- –

Wird hier der Jüngste, der „Achte" Tag vorweggenommen? Verstummt der lyrische Sprecher hier im Angesicht der Wahrheit – oder beschneidet ihm die – wie auch immer geartete – Wahrheit nunmehr Wort und Leben? Der Hinweis K. Reicherts: „mit ›ra‹ fängt auch das Wort für ›sehen‹ an: ›sehen, erkennen, fühlen, erfahren‹"[126] erscheint mir, eingedenk des diaphanen Wortgebrauchs bei Celan,

---

[126] a.a.O. S. 168. – Ob auch die indogermanische Wurzel des Wortes „Ra", König, (rex) in Betracht kommen könnte, ist fraglich, da mit einem solchen „Ton" die Offenheit des Schlusses doch zugunsten einer messianischen Hoffnung wieder verschoben würde. Celan *bleibt* auf der messerscharfen Grenze einer nur möglichen Erkenntnis, ohne je Gewißheit darüber erlangen zu können. – Von daher erscheint der z.B. bei Peter Mayer (wie o. Anm. 9) so vehement und fraglos deklarierte Gedanke einer „Erlösungs-*Gewißheit*" im Sinne des Eintretens messianischer Verheißungen, wie der jüdische Glaube sie nahelegt, als nicht anwendbar: weder für das anstehende Gedicht, noch für dessen Autor, so entschieden auch die Bewegungsrichtung des Gedichtes in der himmelstürmenden Ekstatik des Schlusses zu einem solchen „Ausgang" hinzudrängen scheint. – Lydia Koelle vermerkt in ihrer Analyse der Lesespuren

völlig einleuchtend. – Bei aller Offenheit des Sprechenden, der immerhin preisgibt, wie die Leidenschaft der Wahrheitssuche ihn in die ekstatische Entgrenzung treibt, bleibt doch dem Leser als Dialogpartner verschlossen, was in der notvoll-vertrauensvollen Eröffnung des Anfangs dem Rabbi mitgeteilt, im „Wort aufgetan" worden war. Und ebenso bleibt der Leser nach diesem Gedichtende, das da mit seiner Unabgeschlossenheit – der Punktlosigkeit – ins absolut Offene stürzt, auf Vermutungen angewiesen: Selbst wenn hinter diesem sprechenden Ich als gleichsam palimpsestische Erscheinung die Gestalt des Autors dürfte wahrgenommen werden, bliebe man angewiesen auf Hypothesen und Spekulationen, die mit der Lebenssituation Celans zu tun haben könnten. Ging es um den dunklen Schuldkomplex, der den Dichter ein Leben lang verfolgte und immer wieder gepeinigt hat – „Schuld" im Zusammenhang mit der so grausam zugespitzten Trennung von den Eltern, als diese interniert wurden? Um andere „Schuld"?[127] Wir wissen es nicht, und mit derselben Verschlossenheit wird die Erkenntnis des Endes dem Leser vorenthalten: Celans unabdingbare Genauigkeit. Aufschlüsse über derartige Fragen würden aber dem Gedicht nicht einmal weitere ‚Erhellung' verschaffen, sie blieben ephemär angesichts des hier entrollten existentiellen und religiösen Zusammenhangs.

---

in Bergmanns Aufsatz aus der Bibliothek Celans, daß neben vielfachen offenbar zustimmenden Randstrichen (mehrfache bekräftigende Senkrechtstriche bzw. glatte Unterstreichungen) beim Wort *Erlösung* sich mehrfach eine Kombination von Ausrufe- und Fragezeichen in Verbindung mit geschlängelten Unterstreichungen findet (wie o., Anm. 42, S. 79 ff.).

[127] S. zu dieser Fragestellung auch: L. Koelle, a.a.O. S. 75, die sowohl auf den Schuldkomplex im Bewußtsein Celans, „ein Überlebender der Vernichtungskatastrophe" zu sein, anspielt, als auch auf den umstrittenen Bericht Peter Jokostras, „auf unredliche Weise" (nämlich zu ungunsten eines Mithäftlings, den dies das Leben gekostet habe,) dem Lager entkommen zu sein. In diesem Zusammenhang auch: E. Silbermann, a.a.O. S. 23, oder, mehrfach, G. Baumann a.a.O.

Die soeben erwähnte Punktlosigkeit des Gedichts will noch eingehender bedacht sein: Im Gesamtwerk Celans werden Gedichte sehr selten ohne Punkt abgeschlossen. In GW 1 steht ein solcher Fall sogar einzigartig da: Zwar erscheint neben dem Titelgedicht dieser Arbeit noch dreimal ein am Ende punktloser Text: MATIÈRE DE BRETAGNE (1, 171, als Teil III von SPRACHGITTER), die TODESFUGE (1, 41) und in ZU BEIDEN HÄNDEN (1, 219 aus Teil I der NR). – Die TODESFUGE, die durchgehend als Text ohne Interpunktion konzipiert ist, kann hier unberücksichtigt bleiben. In MATIÈRE DE BRETAGNE folgt auf vier Strophen mit regulärer Interpunktion eine Schlußstrophe ohne jegliches Zeichen. Die letzte Zeile:

> du lehrst meine Hände
> > schlafen

mündet in eine offene Zuständlichkeit, eine Unabschließbarkeit, die vom Inhalt nahegelegt wird. In der Kommentierung von Klaus *Manger*[128] wird dieser offene Schluß plausibel als eine Art Hoffnungsschimmer:

> Indem uns das Selbe hat, hat es uns im traurigen Zustand des Verlorenseins, des Vergessenseins. Somit ist das Gedicht einer Einheit des Selben (GW III, 201) eingedenk, weiß sie aber, wenn auch durch den offenen Schluß nicht völlig hoffnungslos, als verlorene. (ebd. S. 87)

Die Eigenheit des Schlusses ohne Punkt im vorliegenden Gedicht hebt sich von diesen drei anderen Versionen des offenen Endes ab: Zwar wird die traditionsgemäße, poetologisch zu konstatierende Nicht-Identität von lyrischem Ich und Autor zunächst auch hier vor-

---

[128] Vgl. Kommentar, a.a.O. S. 84 ff.

auszusetzen sein. Bei aller Annäherung zwischen beiden Instanzen (die Situation äußerster existentieller Ausgesetztheit, die Wort-Bezogenheit, die sowohl auf das Jüdische wie das Dichterische hindeutet, der Bezug auf die Shoah, der Einschlag des chassidisch-mystischen Umkehr-Gedankens, der Aufstand gegen Begrenztheit durch traditionelle, dogmatische ‚Mauern', die ekstatische Leidenschaft der Wahrheitssuche) gab es ja immer auch innerhalb des lyrischen Vorgangs eine Ausweitung ins Nicht-Individuelle, Typologische. Aber wenn man berücksichtigt, wie sich in der eigentümlichen Raum – Zeit – Struktur des Textes weit voneinander Entferntes – der mystische „Dialog" zwischen dem räumlich und zeitlich so weit entfernten „Rabbi Löw" und dem Gegenwartsstandpunkt des sprechenden Ichs – einander immer mehr annähert[129], bis am Ende das Präteritale ganz präsentisch wird, in ein je und je aktualisierbares „Jetzt" mündet – das aber weder von dem bis dahin ja gegenwärtigen lyrischen Sprecher, noch von dessen Autor umschlossen, abgeschlossen wird durch das Finitum eines Punktes – so gleicht dies einem Sturz ins gänzlich Offene, Abgründige, das auch den Leser mitzureißen droht.

Und damit gerät traditionelle Poetologie aus den Fugen, wird etwas anschaulich, das zu tun hat mit der Frage nach Aufgabe, Rolle und Bedeutung der Kunst überhaupt. – In Thomas Manns „Doktor Faustus"[130] hieß es bereits:

Schein und Spiel haben heute schon das Gewissen der
Kunst gegen sich. Sie wird aufhören, Schein und Spiel
zu sein, sie wird Erkenntnis werden.

---

[129] A. Schöne analysiert das grammatische Zeitgefüge, das im Vergangenen ansetzt und zum Hier und Jetzt wird, sehr genau (a.a.O. S. 39), wenn auch in anderem Zusammenhang.
[130] Frankfurt a.M., Fischer 1947, hier 1951. Kap. XX, S. 181

Celan treibt diese Einsicht ins Extrem: „Aisthesis" wird „zur Wahrnehmungslehre eines Grenzgängers".[131]

So geraten hier am Ende des Textes der lyrische Sprecher und das Gedicht an den „Rand ihrer selbst", das Gedicht mit seinem „beschnittenen Wort", das ja auch den „Rabbi" „beschneidet", dessen Name „Herz" ist, der Sprecher, mitten im Wort abrupt verstummt, in einer – in *der* ? Grenzsituation zwischen Leben und Tod, so oder so im Angesicht einer letzten Wahrheit, die „*gilt*" und die sich damit jeder Mitteilbarkeit entzieht.

Ließen sich im Rückblick so die konstellativen „Rätsel" des Gedichtes durchaus lösen: Die Frage nach den Identitäten und ihren Relationen untereinander wie auch der Bewegungsrichtung des Ganzen sind plausibel, durchsichtig geworden – dennoch erweist sich dieses im Verhältnis zu seinen gedanklichen Dimensionen so knapp bemessene Gedicht als ein unauslotbarer, ins Unermeßliche sich verlierender Zusammenhang, ein mystischer Dialog zwischen der Vergangenheit, der Gegenwart (des Autors wie jedes potentiellen Lesers) – und der Zukunft: eine Balance der Ungewißheit zwischen den Schalen einer – *der* – großen Weltenwaage, in deren Bild die adamitische Verfaßtheit des Menschen in ihrer tellurischen wie pneumatischen Polung sowohl als Gegenbild wie als Einheit erscheint; ein Bild, das den Menschen einsetzt in sein Königsrecht, sich von seinem geistigen Ursprung und Ziel zu entfernen oder sich ihm suchend zu nähern, wenn letzteres auch in aller Unvollkommenheit und angesichts aller Unfaßbarkeiten dieses dunklen,

---

[131] Vgl. das zu diesen poetologisch-hermeneutischen Problemen sehr einläßliche Kap. „Die unreimbare Zeile" (Gott – Welt – Mensch) bei L. Koelle, a.a.O. S. 28 ff., hier S. 130.

den Menschen mit hermetischen Geheimnissen umstellenden Daseins.[132]

Gleichwohl stellt auch diese Verschlossenheit des Textes noch, die sich als *nicht* auflösbar erweist, eine „Flaschenpost" dar, die auf etwas zuhält, wie es Celan in seiner Bremer Rede formulierte: Auf das „Herzland" des Lesers vielleicht.

---

[132] Das Motiv der Welten-Waage, des Wiegens und Wägens überhaupt, ist für die NR von großer Bedeutung (vgl. dazu z.B. auch Kommentar S. 362 und Kapitel 4 diese Arbeit).

IV Rückschau und Ausblick

> *[...]*
> *die winzigen Garben Hoffnung,*
> *darin es von Erzengelfittichen*
> *rauscht, von Verhängnis,*
> *[...]* GW I S. 291

Der vorliegende erneute Deutungsversuch an einem bislang als weitgehend enigmatisch, ja hermetisch geltenden Gedichts der NIEMANDSROSE war orientiert an „aufschließenden" Hinweisen, die Paul Celan – der sonst gegenüber Deutungsfragen so Verschlossene – selbst gegeben hat. Die Probe auf diesen vorgegebenen Deutungsrahmen hat zu Einsichten geführt, die die Ausrichtung des Titelgedichts anders, als bisher angenommen, sinnfällig gemacht haben. Folgt man den oben entfalteten hermeneutischen Hinweisen, so erscheint der Text als eine für das lyrische Ich wie für den Autor zentrale Spiegelung existentieller Befindlichkeit zwischen traditionsbezogener Vergangenheit mit ihrem Anspruch, ihren Wurzeln *und* einer Verfaßtheit des gegenwärtigen Zustandes, der nach neuer Orientierung sucht, nach Aufbruch aus dieser Rückgebundenheit zu einem Ort, der sich der Mitteilbarkeit entzieht, der aber anzugrenzen scheint an ekstatische Erfahrungen, wie sie aus dem Bereich chassidisch-mystischer Vorstellungen vertraut sind.

Dieser Befund erinnert an zwei Passagen aus Celans Büchner-Preisrede, wo es heißt: „das Gedicht ist einsam [...] und unterwegs. Wer es schreibt, bleibt ihm mitgegeben". (GW III, S. 198) und: „wir sind, wenn wir so mit den Dingen sprechen, immer auch bei der Frage nach ihrem Woher und Wohin: bei einer »offenbleibenden«, »zu keinem Ende kommenden«, ins Offene und Leere und Freie weisenden Frage – wir sind weit draußen. Das Gedicht sucht, glaube ich, auch diesen Ort." (GW III, S. 199).

Solche Ergebnisse werfen eine Reihe von Fragen auf, die zwar im Rahmen dieser Studie nicht im gebotenen Umfang abgehandelt werden können, die aber hier zumindest angesprochen werden sollen, da sich mit ihnen neue Perspektiven für das Verständnis des gesamten Zyklus eröffnen könnten.

Mit der genialisch anmutenden Entscheidung Celans, das mehrschichtige Kompositum, „Die Niemandsrose", als Titel des gesamten Zyklus einzusetzen, gibt er bereits in nuce das Modell und Programm seiner Dichtung zu erkennen: auf der einen Seite der Bezug auf die Tiefenschicht und Basis allen Judentums: die Überzeugung von der metaphysischen Rückbindung des Menschen, einer Glaubens- und Liebesbindung, die hier im Bild der einem „Niemand" zugeordneten „Rose" erscheint; die Rose steht dabei traditionsgemäß für Israel, das Gottesvolk, und „Niemand" für den nicht nennbaren Namen Gottes. Dem gegenüber nimmt ein vordergründiges Wortverständnis in dieser einmaligen Fügung nur Leere, Negation, Vergeblichkeit und Verlorenheit wahr: „die Rose, die niemandem gehört". Genau zwischen diesen beiden Bedeutungsbereichen ist dies Gedicht angesiedelt. Derartige Kontrastspannungen als dominierendes Gestaltungsprinzip lassen sich in immer neuen Varianten im gesamten Zyklus wahrnehmen; dabei kann das Kontrastieren sich gelegentlich sogar in ein und demselben Wort zusammenballen, so z.B. in den Wort „entgegen", das in seiner zwiefachen und gegensätzlichen Ausrichtung tragend für das ganze Gedicht PSALM wird: in der Geste des Widerstandes wie in der entschiedener Hinneigung zugleich. Die selbstredend sowohl im Titelwort wie in einzelnen Gedichten des Zyklus *auch* vorhandenen erotischen Konnotationen dürfen hier außer acht gelassen werden.

Ein Zyklusgedicht führt kein Inseldasein; es hat Teil an der allseitigen Verflochtenheit des Ganzen. Es kann Entsprechungen, Varianten, Differenzierungen, Spiegelungen oder Kontraste enthalten, bleibt aber immer auf das Ganze bezogen. Das Titelwort bildet somit das Struktur- und Gestaltungsprinzip des Ganzen ab: Ambiguität und Ambivalenz. Dies Prinzip des Abwägens eines Schwebezustands zwischen extremen Möglichkeiten existentieller Verortung des Menschen evoziert das Sinnbild der Waage, ein Bild, das leitmotivisch den gesamten Zyklus vom ersten bis zum letzten Gedicht durchzieht, und zwar auf allen Gestaltungsebenen: strukturell, stilistisch-syntaktisch, semantisch und expressis verbis. Man denke z.B. an die chiastischen Fügungen des Eingangsgedichtes „ES WAR ERDE IN IHNEN":

> [...]
> O einer, o keiner, o niemand, o du:
> Wohin gings, da's nirgendhin ging?
> O du gräbst und ich grab, und ich grab mich dir zu,
> [...]
> (GW I, S. 211)

Expressis verbis erscheint die Waage z.B. sogar in dreimaliger Nennung in dem Gedicht: UND MIT DEM BUCH AUS TARUSSA:

> [...]
> Sprachwaage, Wortwaage, Heimat-
> waage Exil [...]
> (GW I, S. 288)

In gewaltigen Dimensionen erscheint das Bild der Waage auch im letzten Gedicht des Zyklus: IN DER LUFT:

> [...]
> die winzigen Garben Hoffnung,
> darin es von Erzengelfittichen rauscht, von Verhängnis,
> die Brüder, die Schwestern, die
> zu leicht, zu schwer, die zu leicht
> Befundenen mit

>
> der Weltenwaage im blut-
> schändrischen, im
> fruchtbaren Schoß, [...]
>
>   (G.W.I, S. 291; vgl. dazu auch
>   Kommentar S. 21 und 75)

Wer den Aspekt solchen Wägens bei der Betrachtung von Celan-Gedichten vernachlässigt, läuft Gefahr, die Texte durch Vereinseitigung zu verfehlen. Um nur einige wenige Beispiele für solche Verkürzungen zu geben:

Klaus Manger hat mit seinem Beitrag im Kommentar zur Niemandsrose auf den Unfruchtbarkeitsaspekt hingewiesen, der dem Gedicht PSALM innewohne. Dieser botanisch hergeleitete Gesichtspunkt führt jedoch dann ins Einseitig-Sinnverkürzende, wenn man den jüdisch-mystischen Bezug außer acht läßt. „Fruchtlosigkeit" und „Vergeblichkeit" des Blühens mögen eine Seite der Deutung sein, die Tiefenschicht des Zusammenhangs leuchtet aber erst dann auf, wenn man dies offenbar unbeirrbare Blühen *auch* als existentielle Ausrichtung des Volkes der Juden, als Zeichen der Unaufhebbarkeit des Alten Bundes versteht. Beides zugleich bestimmt den „Ton" dieses Gedichts und macht es in seiner Trauer und Inbrunst erst begreifbar: Auch dieses Gedicht also „am Rande seiner selbst".

Ein anderes Beispiel:
Leonard M. Olschner läßt in seiner Kommentierung des Gedichts MANDORLA (GW I, S. 244; Kommentar S. 178 ff.) die letzte Textzeile unberücksichtigt. Gerade in dieser Zeile aber erscheint noch einmal die Essenz des Ganzen: die Erfahrung der Leere bei gleichzeitiger Unabweisbarkeit eines „Anderen", das mit Verheißung erfüllt ist:

>
> [...]
> Leere Mandel, königsblau.

Unter diesen Gesichtspunkten erweisen sich in dem Gedicht IN DER LUFT die „winzigen [!] Garben Hoffnung" als Lichtgarben, wie sie aus der chassidischen Vorstellungswelt vertraut sind (vgl. z.B. oben, Anm. 73) und nicht etwa als Getreidegarben, wie Jean Marie Winkler vermutet. Ähnliches gilt auch für die „Zeltmacher" im gleichen Gedicht: sie bauen nicht etwa *am* „Himmelszelt", sondern die „lebenslang Fremden", „durch die Sternwüste Seele Geführten" schlagen ihre Zelte (Wohnstätten)

> droben im [!] Raum
> ihrer Blicke und Schiffe

auf. (In einer früheren Fassung hieß es noch überdeutlich: „Schiffe, getrimmt mit Traum und Gefühl").

Ein letztes Beispiel:

> [...] die
> durch die Sternwüste Seele Geführten, die
> Zeltmacher droben im Raum
> ihrer Blicke und Schiffe,
> [...] die lebenslang Fremden, – die
>
> Furtenwesen, [...]
>
> GW I, S. 291

Der Kommentar verweist bei dem Wort „Furtenwesen" auf den Flucht- und Rettungsweg des Volkes Israel durch das Rote Meer. Dies Bild mag zu der immer gültigen und wesentlichen Kennzeichnung jüdischer (Heils-)-Geschichte gehören. Der lyrische Kontext deutet aber in der Abfolge der Wesensbestimmungen für menschliches Dasein gerade *nicht* auf „Rettendes": Die Reihung von den „Zeltmachern droben im Raum" über die „lebenslang Fremden" bis hin zu den „Furtenwesen" (denen also, deren Dasein auf einen

Zwischenbereich angewiesen ist, eine „Existenz zwischen zwei Ufern") umfaßt hier eine Gesamtschau menschlichen Lebens als ausgespannt zwischen kühnsten Entwürfen („Träumen"), die sich auf metaphysische Weiten richten – und die über die Erfahrung lebenslangen „Fremdseins" hinabstürzen bis zu den „Dämmen" aus Menschenleibern, die in ohnmächtiger Passivität die achtlosen (oder hilflosen?) Tritte monströser Götterwesen zu erdulden haben – ein Aufriß menschlicher Existenz, für den sich die oben bereits erwähnte paradoxe Formel „Heimat-/waage Exil" auch in diesem weitesten Sinn als zutreffend auftut.

In solchem Zusammenhang erscheint es notwendig, so manche bislang versuchte Deutung von Gedichten des Zyklus Die Niemandsrose erneut zu überdenken.

Der Variantenreichtum der Beziehungen der Zyklusteile untereinander, das Geflecht von aufeinander verweisenden Assoziationen, Anspielungen, offenen oder kryptischen Verweisen ist unerschöpflich in diesem lyrischen Universum. Gewiß wäre es lohnend, den einzelnen Verweisungskomponenten, die sich allein aus der Anordnung der Texte ergeben, z.B. die jeweils flankierenden Gedichte im Zusammenhang mit ihrem jeweiligen Mittelstück wahrzunehmen, aber auch generell die motivlichen und thematischen Korrespondenzen zu betrachten. Dies ist hier nicht möglich. Zumindest aber möchte ich auf einige Gesichtspunkte aufmerksam machen, die das Titelgedicht des 3. Kapitels dieser Arbeit noch einmal beleuchten sollen: Es gerät unter strukturellen, motivbezogenen und thematischen Aspekten zu einem Knotenpunkt der sich in ihm kreuzenden Linien:
S t r u k t u r e l l entspricht es völlig den oben genannten Bauprinzipien des Ganzen. In seiner Gestalt bildet es förmlich die Figur der Waage ab: Um die genaue Mittelachse („Löw") gruppiert sich die jeweils gleiche Anzahl von Verszeilen zu den „Waagebalken": („tellurischer" und „pneumatischer" Adam).

Seine Zeitgestaltung kann das Nächst- und Fernstliegende umfassen; Zeitepochen werden gegeneinander diaphan, legen sich palimpsestisch übereinander, bilden sich zu einer Gesamtschau der Vergangenheit aus und können sich bis hin zu prophetischer Vorausschau auf die Zukunft steigern.

M o t i v i s c h kreuzen sich in diesem knappen Text (bei Auslassung der sonst auch vorhandenen erotischen Konnotationen) viele der wesentlichen Leitworte des ganzen Zyklus, wie z.b. „Atem und Lehm" (Adam, Golem), das „Nichts" als „Leere" und „Fülle", „Brüderlichkeit", jüdisch-religiöse Begriffe und Zeichen („Beschneidung", „rabbinischer Segen", „Abendtür", auch Assoziationen zu jüdischen Festen wie z.b. Pessach und Jom Kippur); dazu Motive wie „Wort" und „Herz"; und schließlich das Bild der Waage, das dem Ganzen unterlegt ist.

An T h e m e n werden aufgenommen: „Juden und Menschen", geschichtliche Verhängnisse wie „Krieg" (Gog, „Kriegsknechte") und Vernichtung; Anspruch auf Wahrheit; Schuld und Umkehr, Erwartung und Verstummen.

Der Ort des Titelgedichts im Mittelfeld zwischen Anfang und Ende des Zyklus steht im Spannungsbogen zwischen dem Beginn einer scheuen Erwartung und Verheißung, wie es im Eröffnungsgedicht heißt:

[...]
und am Finger erwacht uns der Ring.
(GW I, S. 211)

und der Entsetzlichkeit der den Zyklus abschließenden Zeilen, die sich nicht mehr auf G o t t richten, sondern auf d i e G ö t t e r und damit jeden Zusammenhang mit dem Glauben der Väter zerstören:

> [...] die lebenslang Fremden,
> spermatisch bekränzt von Gestirnen, schwer
> in den Untiefen lagernd, die Leiber
> zu Schwellen getürmt, zu Dämmen, – die
>
> Furtenwesen, darüber
> der Klumpfuß der Götter herüber-
> gestolpert kommt – um
> wessen
> Sternzeit zu spät?
>
> (GW I, S. 291)

Hier in den letzten Zeilen der Niemandsrose also wird[133] der dem ganzen Werk zugrunde liegende Bezug auf das Judentum, den Glauben der Väter, in bitterstem Sarkasmus in Frage gestellt: Statt des Einen Einzigen Gottes erscheinen „die Götter" in blasphemischer Pluralisierung; blasphemisch auch ihr Attribut, der über Dämme von Menschenleibern herüberstolpernde „Klumpfuß".

Daß Celan überraschend erst in der letzten Fassung, der Druckvorlage, die bis dahin gewählte Zeitangabe von einem „Jahrtausend" mit deutlicher Anspielung auf das „Dritte Reich" durch *„Sternzeit"* ersetzte, weitet mit einem Wort das Gedicht noch über die damalige Gegenwart und über die Menschheitsgeschichte aus ins Unermeßliche. Diese Änderung nimmt sich im unmittelbaren Kontext mit seinen kosmischen Bezügen und Dimensionen nur konsequent aus. Die „Sternzeit" eröffnet den Blick auf die Verschiedenheit der Maßstäbe: „irdische" Sternzeit und „kosmische" Sternzeit erweisen sich als inkompatibel.

---

[133] Wie zu vermuten ist, unter dem Ansturm von Bildern aus KZ-Dokumentationen. – In der bereits erwähnten Kommentierung zur Buchenwald-Dokumentation des Resnais-Films ist von den Henkern als von den „Göttern" die Rede, vgl. GW IV, S. 87.

Das Interrogativpronomen „wessen?" suggeriert, daß man es hier mit einer Alternative zu tun habe: Sternzeit der Götter? oder Sternzeit der Menschen? Die Annahme wird aber konterkariert und zugeschüttet von dem das Gedicht definitiv abschließenden „zu spät", das bereits die Frage selbst ad absurdum führt, da die Aussage für beide gilt, für Götter und Menschen: Sie können einander nur verfehlen: die monströsen Göttergestalten, die in der Perspektive des lyrischen Sprechers auf ihn, den Menschen, „herübergestolpert" kommen – und der Mensch.

Die Endposition gibt diesen Worten und Bildern großes Gewicht: die Waagschale der existentiellen Möglichkeiten senkt sich hinab bis auf den dunkelsten Grund. Die Ganzheit des Zyklus mit all seinen Abstufungen, Schattierungen, auch Erwartungen, Aufbrüchen und Wagnissen an Hoffnung mag als mögliches Gegengewicht gelten. Nimmt man den Zyklusbegriff wörtlich, so wäre hier am Ende eine Konstrastentsprechung zum Anfang zu sehen, zum Ring als Zeichen des „Bundes" (wenn auch nur und noch in statu nascendi). Diese Doppelpoligkeit zeigt die Konstrastspannung, auf die hin der ganze Zyklus angelegt ist.

Nach Erscheinen des Zyklus Die Niemandsrose 1963 blieben Celan kaum noch sieben Jahre zu leben. Blickt man über den Abschluß des Zyklus hinaus in die Zukunft des Autors und seines Werks, gewinnt man den unabweisbaren Eindruck einer stetig zunehmenden Verdüsterung: Zwischen Dezember 1967 und September 1968 schrieb er unter den SCHNEEPART-Gedichten einen Vierzeiler, der keinerlei positiven Impuls mehr zuläßt:

DIE NACHZUSTOTTERNDE WELT,
bei der ich zu Gast
gewesen sein werde, ein Name,
herabgeschwitzt von der Mauer,
an der eine Wunde hochleckt.   (GW II, S. 349)

Dieses späte Gedicht evoziert das Bild einer Hinrichtungsmauer, an der ein Dasein verendet. Es bildet damit den schärfsten Kontrast zum Titelgedicht dieser Studie. War dort noch alles im leidenschaftlichen Impuls des Aufbegehrens, des Aufbruchs zu dem „was gilt", auf Erwartung ausgerichtet, so zerschellt hier, an dieser „Mauer", jegliche Hoffnung. In eigentümlicher Zeitenverschränkung wird hier das Schon-Vergangensein der eigenen Existenz in einer Zukunft antizipiert, auf die aber bereits wieder zurückgeblickt wird. In der präsentischen Formulierung, in die das Gedicht mündet, *bleibt* dieses mit dem Namen Paul Celan verbundene Dasein unter die Signatur einer Wunde gestellt, die „heil-los" ist. Sie bleibt auch in der Zukunft gegenwärtig.

Literaturnachweise

I. Werke und Briefe

1. Celan, Paul

– Gesammelte Werke in sieben Bänden, hrsg. von Beda Allemann und Stefan Reichert, unter Mitwirkung von Rolf Bücher, Frankfurt a.M., st 2000

– Die Niemandsrose. Vorstufen – Textgenese – Endfassung, bearbeitet von Heino Schmull unter Mitarbeit von Michael Schwarzkopf, Tübinger Ausgabe der Werke Paul Celans, hrsg. von Jürgen Wertheimer, Frankfurt a.M., Suhrkamp 1996

– Paul Celan / Nelly Sachs: Briefwechsel, hrsg. von Barbara Wiedemann, Frankfurt a.M., Suhrkamp 1993

– Briefe an Gottfried und Brigitte Bermann-Fischer, in: Gottfried Bermann-Fischer, Brigitte Bermann-Fischer: Briefwechsel mit Autoren, hrsg. von Reiner Stach unter redaktioneller Mitarbeit von Karin Schlapp, Frankfurt a.M., 1990

2. Andere Autoren

Bergmann, Hugo: Die Heiligung des Namens, in: Vom Judentum. Ein Sammelwerk. Hrsg. vom Verein jüdischer Hochschüler Bar Kochba in Prag, Leipzig, Kurt Wolff Verlag, 1913

Die Bibel oder die ganze Heilige Schrift des Alten und Neuen Testaments nach der Übersetzung D. Martin Luthers, Berlin 1897

Buber, Martin
- Drei Reden über das Judentum, Frankfurt a.M., Rütten Loening, 1920

- Gog und Magog. Eine chassidische Chronik. Gerlingen, L. Schneider ^{4}1993, in dt. Sprache zuerst ebd. 1949; davor in hebräischer Erstausgabe 1943; das Mskr. wurde 1941 abgeschlossen

- Das Problem des Menschen, Heidelberg, L. Schneider, ^{5}1982, (zuerst: Zürich, Manesse 1953)

- Gottesfinsternis, Gerlingen, L. Schneider, ^{2}1994 (zuerst Zürich, Manesse 1953)

- Werke III, Schriften zum Chassidismus, in: Werke, 3 Bände, München/Heidelberg, Kösel/Schneider 1962

- Die Stellung des Menschen zu Gott und Welt, in: Bubers Darstellung des Chassidismus, hrsg. von Paul Arthur Schilpp u. Maurice Friedman, Kohlhammer, Stuttgart 1963, in der Buchreihe Philosophen des 20. Jhs.

- Der Jude und sein Judentum. Gesammelte Aufsätze und Reden, mit einer Einleitung von Robert Weltsch, hrsg. von Robert Weltsch, Gerlingen, L. Schneider ^{2}1993

Cayrol, Jean: Nuit et Brouillard, in der Übertragung von Paul Celan: Nacht und Nebel, Kommentar zum Film von Alain Renais, in: Paul Celan, G.W. IV, S. 76–99

Goethe, Johann Wolfgang von
- Wilhelm Meisters Wanderjahre, 2. Buch. Betrachtung im Sinne der Wanderer, Hamburger Ausgabe, Goethes Werke in 14 Bänden, hrsg. von Erich Trunz, München, ^{5}1993, Bd. 8

- Faust. Texte. Hrsg. von Albrecht Schöne, Deutsche Klassiker Verlag Frankfurt am Main, ^{4}1999

Kafka, Franz: Der Proceß, Schriften, Tagebücher, Briefe. Kritische Ausgabe, hrsg. von Malcolm Pasley, Frankfurt a.m., 1990

Katzenelson, Jizchak: Dos lied vunem ojsgehargetn jidischen volk / Großer Gesang vom ausgerotteten jüdischen Volk, übersetzt und herausgegeben von Wolf Biermann, Köln, Kiepenheuer & Witsch 1994, [5]1996

Margul-Sperber, Alfred: Geheimnis und Verzicht. Das lyrische Werk in Auswahl, Bukarest 1975

Rosenzweig, Franz: Der Stern der Erlösung, Suhrkamp, Frankfurt a.M. [4]1993

II. Lexika; Judaica

Grimm, Jacob und Wilhelm: Deutsches Wörterbuch, Bd. 10, 11, München 1984

Kindler: Neues Literaturlexikon, Hrsg. Walter Jens. München, 1989

Handwörterbuch des Aberglaubens, Berlin 1938/1941.
Biblisches Lexikon zur Bibel in Wort und Bild, Hrsg. von Univ.-Prof. Dr. Günther Stembeger und Sr. Dr. Mirjam Prager OSB, Andreas Verlag, Salzburg, 1980

De Vries Mzn., S. Ph.: Jüdische Riten und Symbole, Wiesbaden, Fourier 1981, [5]1988, zuerst – Amsterdam 1968 holländisch

Ouaknin, Marc-Alain: Symbole des Judentums, Wien, Brandstätter 1995, [2]1997.

III. Forschungsliteratur

Baumann, Gerhart: Erinnerungen an Paul Celan, Frankfurt a.M., st 1986

Bohrer, Christiane: Paul Celan-Bibliographie, Frankfurt a.M.-Bern-New York 1989

Bollack, Jean: Paul Celan, Poetik der Fremdheit, Wien, Paul Zsolnay 2000

Bloch, Jochanan und Haim Gordon (Hrsg.) **Martin Buber;** Bilanz seines Denkens, Freiburg/Basel/Rom/ Wien, Herder 1983, Veröff. der Ben-Gu-rion-Universität des Negev

Buck, Theo: Muttersprache, Mördersprache, Celan-Studien I, Aachen, Rimbaud 1993

Buhr, Gerhard: Celans Poetik, Göttingen, Verlag Vandenhoeck & Ruprecht, 1976

Buhr, Gerhard / Reuß, Roland (Hrsg.): Paul Celan: »Atemwende.« Materialien. Würzburg, Königshausen, Neumann, 1991

Eliade, Mircea: Das Heilige und das Profane. Vom Wesen des Religiösen, Hamburg, Rowohlt 1957

Felstiner, John: Paul Celan. Eine Biographie (Titel der amerikanischen Originalausgabe: Paul Celan, Poet, Surviver, Jew, New Haven and London 1995)

Friedman, Maurice: Begegnung auf schmalem Grat. Martin Buber – ein Leben, Münster, agenda 1999

Koelle, Lydia: Paul Celans pneumatisches Judentum. Gott-Rede und menschliche Existenz nach der Shoah, Mainz, Matthias-Grünewald, 1997, ^{2}1998, als Band 7 der Reihe Theologie und Literatur, hrsg. von Karl-Jost Kuschel

Lehmann, Jürgen (Hrsg.): Kommentar zu Paul Celan „Die Niemandsrose", unter Mitarbeit von Christine Ivanoci, Heidelberg, Winter ²1998 (1. Auflage 1997)

Lyon, James K.: Judentum, Antisemitismus, Verfolgungswahn: Celans ‚Krise' 1960–1962, in: Celan-Jahrbuch 3 (1989), Heidelberg 1990

Mayer, Peter: Paul Celan als jüdischer Dichter, Diss. Heidelberg 1969

Meinecke, Dietlind (Hrsg): Sammelband: Über Paul Celan, Frankfurt a.M., Suhrkamp 1970

Neumann, Peter Horst: Zur Lyrik Paul Celans, Eine Einführung, Göttingen, Vandenhoeck & Ruprecht, 1968, 2. erw. Aufl. 1990

Pöggeler, Otto: Spur des Worts. Zur Lyrik Paul Celans, Freiburg, Br./München, Alber 1986

Reichert, Klaus: Hebräische Züge in der Sprache Paul Celans, in: Paul Celan, hrsg. von Werner Hamacher und Winfried Menninghaus, Frankfurt a.M., st materialien, 1988

Reuß, Roland: Rembrandts Celan. Paul Celans Gedicht ‚Ein-kanter: Rembrandt', in: Celan-Jahrbuch 3 (1989), Hrsg. von Hans-Michael Speier, Heidelberg, Winter 1990

Schatz-Uffenheimer, Rivka: Die Stellung des Menschen zu Gott und Welt in Bubers Darstellung des Chassidismus, in: Martin Buber, hrsg. v. Paul Arthur Schilpp u. Maurice Friedman, Kohlhammer, Stuttgart 1963, in der Buchreihe Philosophen des 20. Jhs.

Schöne, Albrecht: Dichtung als verborgene Theologie. Versuch einer Exegese von Paul Celans ›Einem, der vor der Tür stand‹, Göttinger Sudelblätter, hrsg. von Heinz Ludwig Arnold, Göttingen, Wallstein 2000; so auch in 2. überarbeiteter Auflage 2000 zuerst in: Bursfelder Universitätsreden, hrsg. von Lothar Perlitt, Abt von Bursfelde, Nr. 17, Verlag Göttinger Tageblatt 1999

Scholem, Gershom:
– Die jüdische Mystik in ihren Hauptströmungen, Frankfurt a.M. o.J. (und Zürich, Rhein-Verlag 1959)

– Martin Bubers Auffassung des Judentums, in: Judaica 2, Frankfurt a.M. 1970, [5]1995.

– Von der mystischen Gestalt der Gottheit, Studien zu Grundbegriffen der Kabbala, Zürich, Rhein, 1962, Frankfurt a.M. st [4]1995

– Zur Kabbala und ihrer Symbolik, Zürich, Rhein, 1960, jetzt in 8. Aufl.

Silbermann, Edith: Begegnung mit Paul Celan, Aachen, Rimbaud 1995, [2]1995

Wiedemann, Barbara (Hrsg): Paul Celan, Die Goll-Affäre, Dokumente zu einer ›Infamie‹, Frankfurt a.M. 2000

LITERARHISTORISCHE UNTERSUCHUNGEN

herausgegeben von Theo Buck

Band 1 Hans Otto Horch: Auf der Suche nach der jüdischen Erzählliteratur. Die Literaturkritik der "Allgemeinen Zeitung des Judentums" (1837-1922). 1985.

Band 2 Herbert Bornebusch: Gegen-Erinnerung. Eine formsemantische Analyse des demokratischen Kriegsromans der Weimarer Republik. 1985.

Band 3 Helmut Fuhrmann: Philosophische Texte im Literaturunterricht. Probleme - Möglichkeiten - Beispiele. 1985.

Band 4 Irene Heidelberger-Leonard: Alfred Andersch: Die ästhetische Position als politisches Gewissen. Zu den Wechselbeziehungen zwischen Kunst und Wirklichkeit in den Romanen. 1986.

Band 5 Bernhard Greiner: Literatur der DDR in neuer Sicht. Studien und Interpretationen. 1986.

Band 6 Sibylle Späth: "Rettungsversuche aus dem Todesterritorium". Zur Aktualität der Lyrik Rolf Dieter Brinkmanns. 1986.

Band 7 Rita Mielke: Das Böse als Krankheit. Entwurf einer neuen Ethik im Werk von Ernst Weiß. 1986.

Band 8 Wieland Zirbs: Strukturen des Erzählens. Studien zum Spätwerk Wilhelm Raabes. 1986.

Band 9 Ursula Kapitza: Bewußtseinsspiele. Drama und Dramaturgie bei Botho Strauß. 1987.

Band 10 Eva Carstanjen: Hölderlins Mutter. Untersuchungen zur Mutter-Sohn-Beziehung. 1987.

Band 11 Hans Jürgen Zimmermann: "Das Ganze" und die Wirklichkeit. Theodor Fontanes perspektivischer Realismus. 1987.

Band 12 Inge Bernheiden: Individualität im 17. Jahrhundert. Studien zum autobiographischen Schrifttum. 1988.

Band 13 Antje Janssen-Zimmermann: Gegenwürfe. Untersuchungen zu Dramen Christoph Heins. 1988.

Band 14 Christiane Bohrer: Paul Celan - Bibliographie. 1989.

Band 15 Ralf Zschachlitz: Vermittelte Unmittelbarkeit im Gegenwort. Paul Celans kritische Poetik. 1990.

Band 16 Marita Pastoors-Hagelüken: Die "übereilte Comödie". Möglichkeiten und Problematik einer neuen Dramengattung am Beispiel des "Neuen Menoza" von J. M. R. Lenz. 1990.

Band 17 Ulrike Zimmermann: Die dramatische Bearbeitung von Kafkas "Prozeß" durch Peter Weiss. 1990.

Band 18 Beate Wunsch: Studien zu Uwe Johnsons früher Erzählung *Ingrid Babendererde. Reifeprüfung 1953*. 1991.

Band 19 Volkmar Altmann: Totalität und Perspektive. Zum Wirklichkeitsbegriff Robert Musils im "Mann ohne Eigenschaften". 1992.

Band 20 Bernd Läufer: Jakob van Hoddis: Der "Varieté"-Zyklus. Ein Beitrag zur Erforschung der frühexpressionistischen Großstadtlyrik. 1992.

Band 21 Ursula Heckmann: Das verfluchte Geschlecht. Motive der Philosophie Otto Weiningers im Werk Georg Trakls. 1992.

Band 22 Peter Peters: "Ich Wer ist das". Aspekte der Subjektdiskussion in Prosa und Drama der DDR (1976-1989). 1993.

Band 23 Michael Braun: Exil und Engagement. Untersuchungen zur Lyrik und Poetik Hilde Domins. 1993.

Band 24 Young-Ok Kim: Selbstportrait im Text des Anderen. Walter Benjamins Kafka-Lektüre. 1995.

Band 25 Theo Buck / Jean-Marie Valentin (Hrsg.): Heiner Müller - Rückblicke, Perspektiven. Vorträge des Pariser Kolloquiums 1993. 1995.

Band 26 Ingrid Haag: Ödön von Horváth. Fassaden-Dramaturgie. Beschreibung einer theatralischen Form. 1995.

Band 27 Antje Janssen-Zimmermann: "Träume von Angst und Hoffnung". Untersuchungen zum Werk Thomas Braschs. 1995.

Band 28 Bernd Läufer: *Entdecke dir die Häßlichkeit der Welt*. Bedrohung, Deformation, Desillusionierung und Zerstörung bei Jakob van Hoddis. 1996.

Band 29 Dietmar Krug: Eros im Dreigestirn. Zur Gestaltung des Erotischen im Frühwerk Thomas Manns. 1997.

Band 30 Christof Kneer: Rainer Malkowski. Neue Objektivität in der Lyrik. Monographie zu Leben und Werk Rainer Malkowskis. 1997.

Band 31 Jörg von Brincken: Verbale und non-verbale Gestaltung in vor-expressionistischer Dramatik. August Stramms Dramen im Vergleich mit Oskar Kokoschkas Frühwerken. 1997.

Band 32 Antje Janssen-Zimmermann / Elke Kasper: Grenzenlos. Literatur zwischen Ost und West von 1949 bis 1989. Eine Bibliographie. 1998.

Band 33 Corinna Bürgerhausen: Variante des verfehlten Lebens. Uwe Johnsons *Skizze eines Verunglückten*. 1998.

Band 34 Dieter Wilde: Der Aspekt des Politischen in der frühen Lyrik Hugo Sonnenscheins. 2002.

Band 35 Ingeborg Ackermann: *Am Rande seiner selbst*. Zu Paul Celan: EINEM, DER VOR DER TÜR STAND,... 2003.

Jin-Sok Chong

Offenheit und Hermetik

Zur Möglichkeit des Schreibens nach Auschwitz: Ein Vergleich zwischen Günter Grass' Lyrik, der *Blechtrommel* und dem Spätwerk Paul Celans

Frankfurt/M., Berlin, Bern, Bruxelles, New York, Oxford, Wien, 2002. 399 S.
Europäische Hochschulschriften: Reihe 1,
Deutsche Sprache und Literatur. Bd. 1830
ISBN 3-631-38967-1 · br. € 56.50*

Adornos Frage, ob Dichtung nach Auschwitz noch möglich sei, war, obwohl auf andere Weise, auch die Frage Celans. Eine Frage, unter deren Druck die Dichtung immer untragbarer wurde. Viele Kritiker betrachten jedoch das Werk von Paul Celan als einen gelungenen Versuch, Lyrik nach Auschwitz zu schreiben. Die Grundthese dieser Arbeit ist: Grass' Erfolgsroman *Die Blechtrommel* kann ein episches Pendant zu Celans Lyrik im Rahmen der Thematik Auschwitz bilden. Hier wird gefolgert, daß den beiden Sprechweisen – Grass' Offenheit und Celans Hermetik – ein systematischer Stellenwert im Sinne von Alternativen zuzuschreiben ist. Um die Nähe und die Differenz zwischen Celan und Grass kreist der Grundgedanke dieser Arbeit.

Aus dem Inhalt: Die deutsche Nachkriegsgesellschaft und ihre Literatur · Offenheit als ästhetisches Prinzip von G. Grass' Werk · Hermetik als ästhetisches Prinzip im Spätwerk Paul Celans

Frankfurt/M · Berlin · Bern · Bruxelles · New York · Oxford · Wien
Auslieferung: Verlag Peter Lang AG
Moosstr. 1, CH-2542 Pieterlen
Telefax 00 41 (0) 32 / 376 17 27

*inklusive der in Deutschland gültigen Mehrwertsteuer
Preisänderungen vorbehalten
Homepage http://www.peterlang.de